《老照片》

溫情系列・《老照片》編輯部編

JPC HK

小小照片，
框不住父親的威嚴與偉大。

我的父親

本書中文繁體字版本由山東畫報出版社有限公司授權三聯書店（香港）有限公司在中華人民共和國大陸以外地區獨家出版、發行。

責任編輯　許正旺
書籍設計　張惠沅

書　　名　**我的父親**
編　　者　《老照片》編輯部
出　　版　三聯書店（香港）有限公司
香港北角英皇道四九九號北角工業大廈二十樓
Joint Publishing (H.K.) Co., Ltd.
20/F., North Point Industrial Building,
499 King's Road, North Point, Hong Kong
香港發行　香港聯合書刊物流有限公司
香港新界大埔汀麗路三十六號三字樓
印　　刷　美雅印刷製本有限公司
香港九龍觀塘榮業街六號四樓A室
版　　次　二〇一九年九月香港第一版第一次印刷
規　　格　大三十二開（140 × 210 mm）二〇八面
國際書號　ISBN 978-962-04-4405-0

出版說明

「老照片」叢書以「定格歷史、收藏記憶」為旨，引導讀者從照片與相關文字回望歷史；藉獨特的視角，為至今逾百年來中國人民的生活，存留一份溫暖而鮮活的記錄。即使經歷社會變遷，讀者仍能感受箇中細膩的家國情懷。

「老照片：溫情系列」一套共有四種：《我的父親》、《我的母親》、《我的老師》，和《一封家書》。其中《我的父親》收錄的文章，共三十五篇，來自不同著者以兒女的角度，通過珍藏照片來回憶往事，或者憶述生平事跡等方式，來追索歷史的蹤跡，並表達對其父親的思念與情意。

為著尊重原作者，不論原文的編註、補充及改正之處，均維持文章原貌，不作出大幅改動。若內容有誤，或需補充資料之處，僅以註釋形式作校正處理，不致妨礙讀者欣賞文章，共同為美好的回憶致敬。

三聯書店（香港）有限公司
出版部
二〇一九年八月

目錄

回憶父親朱培德

朱維亮

我的父親朱培德（一八八九—一九三七），字益之，原屬滇軍，後率部參加孫中山領導的廣東革命政府，一九二五年出任國民革命軍第三軍軍長，參加了北伐戰爭，後歷任江西省政府主席、國民政府參謀本部參謀總長、軍事委員會辦公廳主任等職，一九三五年被國民政府授予最高軍銜，成為五位陸軍一級上將之一（其他四位是何應欽、張學良、閻錫山、馮玉祥）。❶他曾致力於對日作戰的準備工作，卻於一九三七年全面抗戰爆發前五個月辭世。當時我十六歲，對他的許多事情已有很深的記憶。

父親身材中等，但卻給人「魁梧」的印象。平時不輕易發怒，偶有怒意時，即使不揚聲也使人感到「雷霆萬鈞」之威。他不喜歡官場的習俗。初到南京參謀本部時，他發現每次進出大門，總有衛兵列隊迎送，還有軍樂隊在大門內演奏。幾天後，他就下令取消了此類儀式。再如，他乘火車出行，常有政府官員去火車站迎送。父親在國府會議上力倡簡儀，這些舊俗遂被革除。

父親的閱讀範圍很廣，從中國史、詩、散文到有關歐、日、美近代政治、社會、民情的資料，皆有涉獵。他讀書時，身邊帶著兩本小手冊，一本錄下較重要的內容或心得，另一本選錄有

1 （上）北伐前夕，父母攝於廣州照相館。迴形藤椅大概是當時的「情侶座」。

2 （下）1935 年在廬山牯嶺所拍的全家福。當時家中已有八個孩子。

意義的字句。週末我從學校回家時（當時我住讀於金陵中學），他常向我講解讀書心得或特別欣賞的詞句。商務印書館發行「四庫全書」選集時，父親買了一套精裝本，藏在三個特製的大書櫃內，說等打完「大戰」後退休回家從頭讀起。可惜，父親所有藏書、筆記均在一九三七年日軍攻佔南京時與住房同被焚毀。

父親晚年開始對宗教發生興趣。他帶兵征戰十幾年，見每次戰後，都有許多青年遭受傷亡的痛苦，總覺得自己負有直接或間接的責任，導致他試圖從宗教中尋求解脫。曾跟隨他多年的參謀長黃實亦因此成為虔誠的佛教徒。經黃的介紹，父親開始對佛教發生興趣。起初自己選讀經書，也曾去南京近郊佛寺與較知名的住持高僧研討幾段經文。一九三五年，父親在家中閣樓特設小間，作為他研究佛理的「靜室」。他曾幾次對我講授佛教理論及佛教在印度及中國發展的史跡，等等。

父親平時居家平易儉樸，但在外交場合，非常注意中華大國的莊嚴和體面。為此，他特請一位曾留學劍橋大學的先生來鼓樓家中教習英語，講授歐洲文化、歷史、禮儀，母親有時也在旁同學英文。一九三六年，父親為翌年準備代表中國出席英皇加冕大典，特製了一套陸軍一級上將的大禮服和幾套西服，研習宴席上的禮節，並與母親同習交際舞。

在日常生活方面，他教導我們生活要儉樸，居家要勤儉。衣服有破洞時，補好再穿，但要乾淨；不濫用紙張，須用兩面寫；每餐要想到農人種植辛苦。「一粒米，一滴汗」，碗內不能剩飯。他要求我們平日起居大小事要自己做，待僕人如家人。

3 父親在家練習網球時，母親有時會在旁觀看。如圖 3 所見，兩人在著裝與姿態上有很大的反差。

我幼時在中央大學附屬實驗小學讀書，十一歲時就可按成績畢業升入初中。我的級任導師張箴華先生覺得我成績雖好，但年紀尚幼，還不夠成熟，最好再留校一年，為此他認為有必要和家長面談。父親得信後，立即約好時間，那天，父親著灰布長衫單獨赴校，由我帶至張老師處，我在室外等候，兩人談了將近一小時。告辭時父親向老師恭敬道謝。返家的路上，父親說他完全同意老師的見解，要我對老師提出的弱點下功夫改進。

我少年時曾希望將來能進空軍軍校學習。父親不贊同。他說軍人是個破壞性的職業，他一個人就夠了，下一代應從事建設性的事業。他生平注重農業，用他想像中的「新食物」鼓舞我們：此種食物能自殖，不需施肥，不怕乾旱，大大減少農人的操勞和風險；富有營養，每天只需食用少許就可保證健康。一九三四年前後，他在南京市內紫竹林買了一塊地，在專家指導下種了幾百株果樹，準備將來與學習農技的子侄們一同研究果樹改良。抗戰勝利後，有兩位農科畢業的堂兄在此籌辦試驗農場。受父親的影響，我們這一輩的朱家子弟，後來大都學習農科與工科。

長年的軍旅生涯，使父親患了胃病。北伐後期，胃症加重，醫囑須靜養。他曾數次呈請國府准許暫退休養，未蒙允准。一九二九年遷入南京後，他便注意體育鍛煉。尤其是九一八事變後，他負責對日作戰的籌劃，知道中日間必有一場惡仗，曾向母親說中國將要打一場事關民族存亡的大戰，自己必須趕快壯健起來，蓄有足夠的精力去打這場戰爭。他鍛煉的方法較多，如網球、高爾夫球、騎馬、狩獵、游泳。

父親有時感精力不濟，醫生囑每週注射葡萄糖液兩次。一九三七年二月十四日，父親按期注射。次日參加國民黨五屆三中全會，並與大家一同謁中山陵，返家後就感不適。當日我母親去上海「避壽」，次晨方返家。父親當晚病體難眠，夜半起床，上閣樓靜室造句寫字（他有用造句學習的習慣），以蘇病體。潦潦數十字雖是帶病隨意寫的，看起來很簡單，卻自然流露出他內心一貫的真情，體現了他對兒女、父母、國家的感情，對個人修養的要求，從一個方面反映了他的人生信條。父親的遺墨如下：

蓋　天冷夜晚睡覺要蓋被蓋

養　父母養育我，我要孝順父母，方能報父母之恩

吹倒　根深蒂固的大樹不怕風吹倒，廣土眾民的中國日本把他無奈何

吹斷　一個人失了自信力，就像吹斷線的風箏一樣，永無自立的時候

講　無益於身心修養的話不可多講，有損他人名譽的話切不可講

旗　國旗就是代表國家，我們把國旗看得十分的尊敬

會　現代的國民要會用武器來保護國家，才會受人們的尊敬

怕　我怕無能力，我怕受恥辱，我不怕到戰場去拚命

放進　不要讓敵人（日本）的勢力放進國裡來

漸漸　我們的國家漸漸富強了，我們準備著去收回我們一百年來失掉的土地和人民

急煞　覺得學問沒有大進步而光陰則一天一天過去了，真是急煞

十六日，父親病情加重，左臂注射處開始紅腫，十七日晨紅腫開始上延。醫生見後甚驚，立即遷父親入鼓樓醫院，化驗後發現血中有前所未見的大量鏈球桿菌。當時醫藥界尚無有效的療法。傍晚前父親病情轉劇，紅腫延至胸部，生膿液，疼痛不堪。醫生決定孤注一擲，試用開刀割治。開刀後，父親就昏迷不醒，彌留至晚十二時左右辭世。

註釋

❶ 另有三位陸軍一級上將，為李宗仁、唐生智、陳濟棠，即共八位。

淺憶父親陳方濟教授

陳方權

我們家複姓「陳方」，世居浙江海寧長安鎮。我的祖父陳方鏞在海寧的硤石鎮上置有一處不大的房舍，父親是獨子，一八九一年出生。父親兒時應該是在硤石度過的，他什麼時候外出求學，我是無從知曉了。但我從網上查到，一九一六年到一九一八年期間，父親在蘇州農校被派往日本留學，那時父親二十五歲左右。記得父親說過，五四運動那年，他正好在日本，為了抵制賣國的「二十一條」，他和許多中國留學生一起回國，後來又去日本繼續完成學業。父親的專業是農業化學，我在父親留下的一本民國二十三年（一九三四）八月編印的《中國科學社社員分股名錄》中，看到父親的名字被歸入「物資科學組下屬化學股」。❶其時，父親在中央大學農化系任教授。父親主要的研究課題屬土壤肥料學範疇。我在網上查到，中華農學會是一九一七年一月在上海成立的，父親是第一批會員。父親一九二七年到上海中華農學會工作，直到一九四九年。父親曾先後在蘇州農校、金陵大學、中央大學任教，為師也長達二十餘年。

我在一九四三年的冬天隨母親許蘋南到重慶，才第一次見到我的父親陳方濟，那時我已經六歲零三個月了。現在回想起來，還是對割斷我們父子之情六年之久的日本鬼子恨得咬牙切齒。

1 1935 年的父親

抗戰前，父親是南京中央大學農學院的教授，南京淪陷前夕，隨中央大學西遷重慶沙坪壩。家裡大人都以為日本佔領不會持久，母親帶著大哥陳方梁、二哥陳方樹、二姐陳方樛留在上海，寄居於外祖父家中。一九三七年八月，我出生在上海重慶北路的一所石庫門房子內。到一九四三年，勝利仍渺茫無期，外祖父遂決斷讓母親攜帶我們姐弟入川與父親團聚。其時，大哥已於一九三九年從上海公共租界考入中央大學航空系，先期去了重慶；二哥於一九四二年投奔在國統區浙江省政府工作的娘舅許聞淵到浙東上學，一九四四年，他又隨娘舅輾轉到了重慶。這樣，我們一家人在重慶團聚了。

在重慶，我們住在觀音岩下的棗子嵐埡「中華農學會」裡，父親當時任中華農學會總幹事。一棟二層小樓，既是學會辦公集會之地，又是來渝會員接待處，父親借用二樓後角的兩間小屋安家。

到重慶不久，父親即安排我和二姐考入地處張家花園的巴蜀小學插班就讀，我在一年級下學期班（即秋季班），二姐在三年級下學期班。巴蜀小學是一九三二年由曾任四川省主席的王纘緒創辦的，當時是重慶最好的私立小學。很湊巧，學校離中華農學會只隔一條山溝，我們上學很

2 （上）1935 年攝於上海。中坐者為外祖母及二姐，後立者為父母親，前立者為大哥、二哥。

3 （下）1945 年攝於重慶。坐者為父母親，中為小弟，左為二姐，右為作者。

方便。我在那裡讀了兩年半。我記得每到暑假，父親就叫我到他的辦公室坐在他的旁邊寫毛筆大字，有時還手把手地教我運筆，還輔導我學寫作文和日記。

父親每個星期都要去中央大學上課，有時也帶我去那裡感受一下戰時校園的氣氛。當時我的大哥在中大航空工程系當助教，我去過他們系的實驗室，那裡有一個木製的操縱飛機的模擬器，我特別感興趣。父親還帶我去過農林實驗場，參觀生產餅乾的作坊。父親還帶我們看過兩次話劇，一次是吳祖光的《風雪夜歸人》，另一次是曹禺的《原野》。我想，父親是想讓我很自然地感受一種現代的文化氛圍。

在重慶，父親常帶我們到大姐陳方蘊家去過週末。大姐家在朝天門附近熱鬧的打銅街上，他們租住的房間沒有朝外的窗戶，白天也要開著電燈。戰亂時期，家人還能經常團聚，想起來十分美好。姐夫張維廉在銀行工作，他多才多藝，拉二胡、吹口琴、唱京戲、打撲克，都很精通。我就是那時學會了打橋牌，還學著唱《蘇三起解》《四郎探母》和《空城計》。星期六晚上，姐夫和大哥會帶我們去看電影，當年轟動一時的《魂斷藍橋》給我小小的心靈留下了難以磨滅的印象。重慶歡慶抗戰勝利的大遊行，我們也是在大姐家的樓上臨街觀看的。

在重慶時我們多了一個弟弟，父母為他起名陳方樞。那年父親已經五十三歲，對弟弟的疼愛可想而知。寒暑假，父母上班時，就由我們哥哥姐姐照看他，逗他玩。在山城的兩年半雖然短暫，但給我留下了許多與父親和家庭有關的溫馨記憶。

一九四六年暑假，父母帶著我們四個孩子隨中央大學復員回到南京，先是住在中央大學科學

4 （上）1947 年在南京過年合照。中坐外祖父母抱扶兩孫子；前右立為作者，中立為小弟，身後為二哥；後排左立為父親，中立為娘舅，右立為遠房表兄，中間為母親舅母和四位阿姨。

5 （下）1949 年南京小學畢業照。前排右一為斯霞老師，第三排左一為雷震清校長，第四排右四為作者。

館的一間教室裡。那個夏天，父母忙於安排住房和工作，再就是我們幾個孩子的學業。這時，中央大學的附中、附小也回遷南京，我和二姐就考入了附小的四年級和六年級，二哥在重慶就已經是中大附中高二的學生，回南京後直接升入附中的高三。我們的學業都沒有耽誤。中大附小也是一所歷史悠久的名校，其前身為一九〇二年張之洞奏設的三江師範學堂附屬小學堂，後為國立中央大學師範學院附屬小學，當時的校長雷震清是一位有二十年辦學經驗的教育家，後來著名的斯霞老師也在我們學校。我們的許多老師都具有大學學歷，我在那裡一直讀到小學畢業。

這期間時局較為混亂，大人們心神不定，但對我們的學習還是很重視的。暑假我們去上海探望外祖父母，外祖父許松如就親自給我們姐弟講解《古文觀止》中的一些文章；我的四姨許韻蘘為我補習數學，也非常有效。暑假後開學，我在班上考了一次第　。不過，我的學習也就是中等水平，可父親從來沒有因為我不能名列前茅而訓斥我，他還從中央大學請了一位大學生來為我當家教。

一九四七年，外祖父全家到南京過農曆新年，大家庭團聚，其樂融融。

一九四九年夏我小學畢業，父親那時已經有了要北上工作的預感，讓我就近報考市立第二初級中學。報考時我把志願錯寫為市立二中，那是離家很遠的另一所中學，結果我被錄取到了市立二中，父親非常著急，正好我的同學倪保家被市立第二初級中學錄取，但他父母想讓他上一所私立中學，於是父親冒著酷暑，帶我們兩個孩子，奔波於二中和二初中之間，為我們辦理互換手續。這期間，父親擔心我考不上市立中學，還帶著我報考了離家較近的一所教會學校：南京青年會中學。二初中在南京鼓樓邊上，是一所只有三個年級六個班的小學校，我在那裡只讀了一個學期。晚秋，父親到北京工作，我們則一直等到寒假才全家北遷。

到了北京，市立中學是不招插班生的，父親已經為我聯繫好北京有名的教會學校——匯文中學。這所學校學費很貴，一學期的學費需要父親月薪的將近一半。當時我們姐弟四個都在上學或幼兒園，弟弟讀的匯文一小也是有名的教會小學。我在匯文只讀了一學期，就和同班同學魯培新轉學到著名的私立大同中學，這完全是自作主張，沒有徵得父母的同意。動機完全是因為學費，因為大同的學費不到匯文的一半。大同離家不遠，但我想住校，這樣能和一些要好的同學在一起。父母非常信任地同意了，那年我十四歲。

我在大同中學參加了少先隊，交了幾個非常好的朋友，初三又入了青年團，父親當時正在天津出差，得信專門買了兩本青年修養的讀物送給我，以示鼓勵。我還和高三的一些大同學交了朋友，他們影響我對文學、藝術、科學的愛好，影響我對美好社會和人生的嚮往和追求。

住校的那一年，同屋同學的年齡都比我大，每天早晨他們都帶我長跑，我也喜歡上了鍛煉身體。從那以後，我的身體越來越強壯。我小時候多病，有一年在南京，因為扁桃腺發炎，差點要了我的命。在大同中學的兩年，是我求學路上最為重要的兩年。

那幾年，父親在農業部工作，我們家就住在農業部的旁邊，父親經常晚上還要去辦公室看報和學習，有時也帶我們去機關大樓，那裡有乒乓球桌可以玩。初二那年寒假，我和同學去北海看滑冰，回來向父母要了六萬元（舊幣），在東單舊貨市場買了一雙兩隻冰刀不一樣的舊冰鞋。那時我每月的伙食費是六萬六千元。記得那時母親為了節省開支，每個月跑到離家很遠的天橋市場去背油、米，就為了省下一兩萬塊錢。

一九五二年我初三畢業，同舍的四個最要好的同學都上了中專，他們大都為了早一點工作掙錢貼補家用，但我好像沒有太多的猶豫就報考了普通高中，其實父母只是用非常委婉的口氣對我說，他們還是十分想讓我上完高中去考大學。還好，我沒有辜負父母的期望，考上了市立中學。

我考上的北京市立男十一中，是崇文區第一所高初中完全中學，建於一九五一年，據說師資來自原南開大學附中（該校抗戰時期曾遷往西南，後被請回來的），所以雖然是新建學校，但師資力量很強。當年蓋不起新校舍，於是就利用老百姓求藥問病、停放棺材的東曉市南藥王廟作為校址。那時的同學來自全國各地，不少同學和我有相似的經歷，其中就有我國著名地質學家袁復禮的兒子袁鼎。

一九五五年高中畢業，報考大學完全是我自己決定的。我原本想學航空，但我的班主任趙揚按規定明確告訴我，由於我的社會關係，我是不能報考航空學院的。我們那時好像覺悟都很高，也沒有怨言。其次我想學的是天文，但當年北京沒有一所大學有天文學系。南方的大學不讓我們報，於是我就選擇了與天文關係密切的數學學科，被錄取到北京師範大學數學系。其實我不善於抽象思維，並不適宜學數學，當時要是多和父母、兄長們商量，我可能會選擇一個更適合我的專業。不過，我從此再沒有離開北師大的校園，步了父親二十餘年為師的後塵。

一九五六年，大哥大嫂調北京工作，我的二姐和二姐夫帶女兒回京探親，我們在大哥家有一

6 1956年在北京大哥家合影。前立者為小妹及大哥的四個孩子；中排左起：二姐、大姐、父親、母親和懷中的外孫女、大嫂和小弟；後排左起：大哥、大姐夫、二姐夫和作者。

次聚會，除二哥全家在南方未能參加外，父親母親和我們兄弟姐妹，還有孫輩都到了。沒有想到，這竟是父親和我們的最後一次聚會。

我上大學二年級時，父親就病了。開始是甲狀腺功能亢進，住進北大醫院做甲狀腺切除手術。手術做了七個小時，我陪母親等候在手術室門口，父親被推出來時，我見到父親瘦得只剩皮包骨頭，前肚皮貼著後脊骨，不忍入目。那年父親六十六歲。好在手術很成功，恢復也順利，兩三個月後，父親反而比原來要胖出許多。但到了轉年春節前後，父親的病又復發了，而且有了新的症狀。四月，被確診為白血病，這在當時根本無法可治，母親從香港弄來了國內還沒有的新藥，但也無濟於事，父親在一九五八年四月去世，終年六十七歲。

註釋

❶ 「物資科學組下屬化學股」，應為「物質科學組下屬化學股」。

石獅見證父子情

吳炳南

一九五二年春，我隨所屬部隊安徽軍區文工團駐紮在合肥市城隍廟內。年過花甲的父親得此消息，便急吼吼地前來探親。

該廟始建於北宋皇祐三年（一〇五一），有九百年歷史，幾經戰火，屢毀屢建，城隍老爺和道教神祇龕位早已不復存在，香火已絕，但大殿與戲台尚存，廟前旗桿矗立，山門口有石獅相對。一位擅長攝影的戰友，以石獅為襯景拍下這幅父子合照，為父親探親留下永恆的紀念。

當年廟內東西兩排廂房各十幾間，分別住著男女文工團員。那時實行供給制，除了伙食、被服及日常生活必需品外，每月還發給少量津貼費。父親抵達當晚，我用津貼費帶他走過百多米長的沙土路到飛鳳浴池為他洗去路途勞累，隨手買了一包花生米、一壺小酒、幾個五香蛋和一碗掛麵，總共沒花兩塊錢。一向訥口少言的父親不無興奮地說起：你小時候西走孤峰鎮東行赤灘鎮，都是我帶你走八里路才洗到一次澡，哪有今天這麼方便和舒服啊？

回到廟內張羅住處，何曾料到團部領導早已派人安排停當，父親和另一位來自北方的探親老爺爺同住一間探親房，兩張行軍床鋪就白墊單，嶄新的綠被褥、篾殼暖瓶、搪瓷水杯等一應俱

1 父子合影

全。父親酒興正酣，一手捋著鬍鬚，一邊與其天南海北地神聊起來，那眼神，那形態，是作為兒子的我從未見過的。

次日中午，伙房同志忽然端著四菜一湯走進探親房，團長許友濱（南下老幹部、小提琴手兼作曲家，曾進修於中央音樂學院，後任職吉林省音樂家協會秘書長，定居長春）特地來與兩位老軍屬共進午餐，代表組織示以關懷與慰問。飯後，父親還告訴我一件往事：他被選為軍屬代表到縣城開會期間，縣長也親自向他敬過一杯酒。因此，他深深感歎：「我被賣給地方士紳趕過毛驢，當過小和尚掃神龕幹粗活，大半輩子苦見黃連，這幾年才活得有個人樣……」

情到深處，無言以對，遂端詳照片轉移心緒，但見他長袍雙肩大塊補丁，跨江奔波來看兒，連件像樣的衣服也沒有，他說你媽認為：衣破不補才丟人，乾乾淨淨也體面。長袍胸前別著一枚小徽章，父親說他已是中蘇友協會員，縣裡發下來的，頗有引以為榮的感覺。

父親顧頡剛與他祖母的合影

顧潮

父親出生於晚清時期的蘇州城裡，他自幼喪母，由他祖母撫養成人。父親是家中的獨生子，是他祖母唯一的精神寄託，祖母對他又是嚴厲，又是慈愛。由於家中是書香門第，祖母自然希望他能像祖上一樣，從讀書求功名，因此對他的學業要求極嚴。照片中童稚的父親手捧一本打開的書站著，一副循規蹈矩的模樣；他的祖母面帶微笑坐著，身體略為傾向孫子，顯得莊重而慈祥。可以說這張照片恰如其分地反映出祖孫二人的狀況與心態。

父親小時候整日被關在私塾中讀書，一年中除過年放一個月假以外，只有端午、中秋兩日節假。他有時想逃避這種枯燥的學習，一次天下大雨，吃過早飯他對祖母說：「今天雨太大了！」言外之意是路不好走，不想去相距半里多路的私塾了。可是祖母卻不假思索地指著天堅決地說：「你不想去了吧，就是落鐵，也得去！」這斬釘截鐵的幾個字，令父親終生不忘。長大工作以後，逢到大雨時，家人在旁邊勸道：「不去了吧！」而他卻立刻說：「落鐵，也得去！」每晚父親臨睡覺前，祖母總要檢查他一天的行為。如果做了錯事，像說了謊話、髒話，或和小朋友打架，貪吃點心，等等，祖母便叫他寫在紙條上再貼到帳頂上，第二天睜開眼睛，第一件事就是叫他把

1 顧頡剛和他的祖母

那張紙條讀幾遍，表示悔過。

祖母儘管嚴厲，但對於孫子的飲食起居，卻無一處不仔細周到；尤其是祖母很會講故事，經常以此作為對孫子認真學習的獎勵。她雖不識字，但記性極好，能把民間神話傳說講得娓娓動聽，父親日後回憶時說道：「祖母用這些動人的故事增加了我的善心，並打開了我的想像力，她高高地擎起了照亮我生命的第一盞明燈。」

由於家境並不寬裕，祖母一切節省，只有一事例外，那就是對孫子買書極為慷慨。父親說他從小便懷著做藏書家的美夢，自十一歲後就天天出入書肆，一本一本地買回來，積少成多，他深知這些買書錢哪有一個不是他祖母從千省萬省中省出來的！

祖母雖這樣疼愛孫子，但不把他拴在身邊，而是鼓勵他到外邊去見世面。當他考上北京大學時，祖母也很放心地讓他前去，一班親戚都不以為然，說：「你們只有這一個孩子，為什麼放他走得這樣遠？蘇州有東吳大學，上海有聖約翰大學，哪一個不可以進呢？」祖母卻很堅定地答道：「男孩子是該讓他出遠門的。」

父親長大後，常對人提起他的祖母，將她比作自己的恩師和慈母，他說：「我的一生，發生關係最密切的是我的祖母。簡直可以說，我之所以為我，是我的祖母手自塑鑄的一具藝術品。」

我的父親孔祥勉

孔令仁

孔子的後裔嫡系近支在曲阜有所謂「十二府」，但其中六府、九府、十一府從未建立，是虛的，所以「十二府」實際上只有九個府。❶我家屬於孔八府，先嚴孔祥勉雖排行第四，但因他出繼長伯之後，而成為八府的長房長孫。

父親祥勉公，字士勸，生於一八九三年。早年就讀於北京工業大學，攻電機專業。父親大學畢業後，先在濟南山東工業學堂教書，繼任濟南和泰安兩地電燈公司的工程師，成為名噪一時的電業專家。濟寧、滕縣欲成立電燈公司，亦請父親為之籌辦、設計、安裝，開創了這兩地用電燈照明的歷史。這時大哥令朋誕生，父親給他起乳名曰「電」，這說明父親對他從事的電機專業是十分熱愛的，並希望我的哥哥也能繼承他的事業。

一九二五年冬，因濟南局勢動亂，我家由濟南遷至青島。翌年，父親應邀至天津任津浦鐵路局材料科科長。等父親站住腳後，我們也舉家遷到天津。鐵路上薪金較豐，所以我家在天津的生活也較優裕。然而好景不長，隨著路局❷的人事變動，牽涉到父親的工作，他只好辭職了。父親離開津浦鐵路局後，轉到京漢鐵路局，但只擔任掛名虛職，並不得意。

1 父親和母親在天津合影，時約 1927 年。

一九二八年冬，父親應南京國民政府交通部次長李仲公之邀，到交通部任技正。所謂技正，大概相當於現在的高級工程師。隨著父親到南京任職，我們也舉家遷到南京。這時外公一家也在南京，我家和外公合租了一座王府的最後一進院子。在這座王府，前面還有幾進院子，每進院子都住有人，所以很熱鬧。我家在南京住了將近六年。

一九三三年秋，朱家驊出任交通部長，他為了安排自己的心腹，排斥異己，裁撤了一批具有高級職務的人員，父親也在被裁之列。幸虧父親與當時任財政部長的孔祥熙有舊，乃向孔祥熙提出謀職請求。孔祥熙為留美學生，對屬下的英語水平極為重視，經過英文測試，孔祥熙表示滿意，遂任命父親為中央銀行總務科主任，不久又加派為中央信託局購料處副經理。因為父親在上海上班，我們一家也遷居上海。

一九三七年，八一三事變爆發，日軍大舉進攻上海。數日後，父親接上級命令，要他率領中央信託局員工攜帶重要檔案、賬冊等向武漢轉移。經過匆忙準備，當天午夜我們一家就和信託局的二十多名員工，還帶著姑姑一家，乘坐一節悶罐車一路顛簸地向南京行駛。到達南京後，本擬在外公家略作休息，孰料剛進門就聽到日寇來轟炸的警報，不得不投奔備有防空洞的丁惟汾太老伯家暫避。躲過轟炸後，我們當夜就轉乘江輪去了武漢。

我家只在武漢住了約兩個月，一九三七年十月又遷移到重慶，與姑姑一家同住在至聖宮二十五號。不久，外公攜家眷來重慶，也和我家一起住在至聖宮。至聖宮地勢很高，道路用碎石鋪成，崎嶇坎坷，車輛不能通行，僅有滑竿可僱用代步。孔德成和他的夫人孫琪芳[3]曾多次來至聖宮拜訪外公和父親，都是坐著滑竿來的。

一年以後，父親由重慶調到昆明，任昆明中央信託局經理，以後又兼任昆明中央銀行經理。隨著父親工作的調動，我們全家也遷到昆明。在昆明，我家住東寺街一座名南園的荒廢園子內。園子的面積很大，有多種樹木、花草，還有兩個瀲灩的水塘。經過修整，這座荒園竟成為一座寬敞疏朗、風景宜人的田園草堂了。

一九四二年夏，父親的工作又有變動，調任中央銀行業務局　等業務專員。這樣，我家由昆明遷回重慶，住在領事巷。不久，為避日寇的狂轟濫炸，又在南岸黃山購了一座小樓，安置年邁的外婆和母親、舅母及幾個弟妹。每到週末，在重慶工作的爸爸和在學校讀書的我們幾個姐妹就過江到黃山的家裡去團聚。那座小樓取名南園，建築在山坡上，上面住的是徐堪一家，下面住的是馬占山一家，彼此偶有往來。

抗戰勝利後，父親應中國實業銀行董事長傅汝霖之邀，回青島任該行經理。後又兼任農工銀行代理市庫總經理，並被選為青島銀行公會理事長。父親購買青島路一號樓房作居家之所，仍取名南園。此樓為一白俄所建，面積一千一百平方米，北鄰當時的青島市政府，南臨黃海，風景秀麗，曾被德國人租作總領事館之用。更難得的是，青島路只有這一幢樓房，再無其他建築，這就造成一個奇特現象，青島路的門牌號只有一號，其他門牌號就沒有了。

綜觀父親的一生，他在電燈公司、鐵路局、交通部、銀行、信託局等單位的工作，可說都是技術性的工作，他從來沒有當過官。但他從事的工作都有較高的職位，薪金也豐厚。這說明他在事業上是一帆風順的，有成就的。父親在事業上之所以能一帆風順，可能得益於他是孔子的嫡系後裔，但這不是主要的，主要還是取決於他個人的水平和素質。

父親的幾個兄弟，個個聰明伶俐，只有父親比較愚笨，但他的學習能力並不差。為什麼呢？蓋因父親特別勤奮，無論做什麼事都講究「認真」兩個字，他用於學習的時間比別人長，整日孜孜不倦，埋頭苦讀，所以他學到的東西不僅多，而且掌握得也比別人牢固。母親曾對我說，父親在山東工業學堂教書時，每天備課要到半夜三更，有一次為了解一道數學題，他幾乎坐了一夜。當他終於解開這道數學題時，高興得由椅子上跳到桌子上，又跑到床前搖著母親說：「我弄懂了！我弄懂了！」這時母親才知道，為了解一道數學題，父親竟熬了一個通宵。

我的一個表弟在西南聯大讀工學院時，有一次，有一道數學題費了九牛二虎之力也算不出來，坐在姑母的書房裡對題發呆。父親走到他身邊，拿起題看了看，說：「這道題不難，我來給你算一算。」用不了多久，父親就把這道題一步一步地解開了。我這位表弟算是服了，以後逢人就說：「四舅真厲害，畢業這麼多年了，高等數學竟然一點也沒有忘！」

父親的英文也很棒。我家剛從南京搬到上海時，由於上海小學的英語課比南京早開一年，所以我的英語跟不上趟，幸虧父親給我補習了一段時間，我的英語成績才逐漸趕上，期終考試時在班上還一舉奪魁。父親英語好，但從不在人前賣弄，這裡有個故事。有一年父親和五叔祥選公返曲阜，族人設宴招待，五叔見在座者都是土老帽，便用英語對父親說：「飯菜量多質差，實難下嚥！」父親用英語回答：「忍耐一下吧！吃不飽回去再吃。」誰料主人也用英語說：「令貴客食不果腹，豈非罪過！」主人說完即令撤席，重又擺上一桌飯菜。父親和五叔羞愧難言，儘管再三道歉，這頓飯仍是不歡而散。有了這次教訓，以後父親從不在人前諞弄英語。在昆明時，幾個美國金融界人士要來訪問，父親須用英語致辭歡迎，下屬怕父親應付不了，要給他寫一份英文稿子，父親說不用了，到時他一口流利的英語，隨意揮灑，應付自如，在場的人無不佩服。

由於受家庭影響，父親在國學方面也有一定的根基，許多經籍詩文都能背得滾瓜爛熟。他有個朋友周志俊，係清兩廣總督周馥之孫、著名民族企業家周學熙之子，早年留學國外，回國後子承父業，也成為企業家，中華人民共和國成立後，曾任山東省政協副主席、省人大常委會副主任。父親和他這位老朋友都是學兼中西之人，但他倆見面都很少談外國學問，大多談「四書」「五經」，談中國歷史。話到投機處，兩人往往開懷大笑，手舞足蹈，其樂融融。

一九三五年，父親和孔族族長孔昭潤代表孔府到日本參加東京湯島聖堂（即孔廟）重修落成慶典，日本名流寫了許多漢文古詩贈給父親留作紀念。父親不善此道，無法賦詩相答，大感慚愧。他歸國後決心學詩，拜詩詞名家陳名豫為師，又請外公隨時指點，整日平平仄仄仄平平，推敲苦吟起來。他寫詩很勤奮，積累竟達一厚本。我不懂詩，對父親的詩只記得一首他在青島作的七絕：「碧海藍天帆影斜，青山深處幾人家。推窗欲問春消息，不見梅花見浪花。」

還有兩件事，也可以看出父親堅韌不拔的學習精神。

一是學跳交誼舞。父親年輕時不會跳舞，及至中年在上海進入銀行界，因開展業務需要聯繫各方人士，而交誼舞正是進行交際的必要方式，父親下決心學跳舞，不久竟成為這方面的能手。

父親的舞姿舒展大方，有紳士風度。我們姊妹兄弟都會跳舞，就是父親親自教會的。

二是學京戲。青島的京劇票友成立一個組織叫「和聲社」，社長為德士古洋行經理李定豐先生。一九四七年，李先生因調動工作離青島赴滬，推薦父親繼任社長，父親辭以不會唱京戲，但卻辭不掉，只得勉強承乏。父親第一次到和聲社，大家叫父親試試嗓子，眾人一聽都說適宜唱小生。從此每晚就有名琴師李長清先生來我家操琴教戲，父親就咿咿呀呀地學起京戲來。有一年京劇大師梅蘭芳和姜妙香來青島，常來我家做客，父親在這兩位大師面前當然不敢班門弄斧，但當姜妙香聽說父親唱小生時，就非叫父親唱一段，父親只得唱起來。他一邊唱著一邊承受大師的指點教導。這成為父親終生都感到榮耀的事。後來青島舉行京劇義演，父親還幾次粉墨登場，頗得好評。

註釋

❶ 孔子世家十二府世系（「十二府」）中，五府分為「東五府」和「西五府」。

❷ 路局，應為「鐵路局」。

❸ 孫琪芳，應名為「孫琪方」。

父親李濟與丁文江、傅斯年的交往

李光謨

我的父親李濟在很多篇憶舊文章和自傳式的文章裡，對自己一生走上科學研究道路一事，總忘不了提到丁文江的幫助。他從一九二三年留美回國一開始，就結識了丁文江。是丁幫助他進行了第一次田野發掘，鼓勵他與美國弗利爾藝術館合作進行科學考古，促成他去清華進行研究工作和田野工作。及至丁文江後來擔任了中研院總幹事後，又對李濟主持的殷墟發掘（尤其是第十一、十二次侯家莊大墓的發掘）撥了特殊的經費給予支持。李濟在丁文江於一九三六年不幸去世後所寫的紀念文字中，稱丁是「一個劃分時代的人……可以算是中國提倡科學以來第一個好成績」。他對丁的懷念和崇敬，可說是終生不移的。丁文江示範給李濟的「直道而行」的為人處事原則，影響了李濟整個的學術活動和他的一生。

李濟在留學回國的初期，曾向丁文江指出他在昆明做過的人體測量中有些數字是錯的，儘管錯誤很微小。丁文江據此重新核對了自己的數據，發現毛病出在自己製作的卡尺不精確。這也可以說從實際中體現了這兩個朋友間的「直道而行」吧。當時的李濟還只是個初出茅廬的小伙子，而丁文江已是在科學界很有名氣的聞人了。

1 （上）1935年春，西北岡大墓，梁思永接待傅斯年、伯希和時的合影。

2 （下）李濟（左二）、董作賓（左一）、梁思永（右一）在小屯工作站歡迎前來視察的傅斯年（右二）。

李濟和傅斯年的初次見面是在一九二八年冬季的廣州，當時李濟是在再度訪美歸來、從歐洲乘船經香港停留時，到廣州會見傅的。就在這次會晤中，兩人談得十分投契，彼此相見恨晚。李濟當時就決定接受蔡元培先生的聘請，擔任新成立的中研院史語所（傅斯年任所長）的考古組主任。李隨即北上開封，實地考察董作賓在安陽的第一次試發掘的成果。從此，李濟就一直沒離開過這個學術崗位，直到五十一年後他離開人世。

傅斯年其人畢生用功於史學，同時提倡語言學、考古學、民族學，一心孜孜於尋找這方面的新材料、新知識。他在史語所成立時所說的該所的「旨趣」——「我們不是讀書的人，我們只是上窮碧落下黃泉，動手動腳找東西」——一直被李濟視為工作的指導。傅具有很強的組織能力和對現代學術的深切理解。他領導的工作（辦研究所和辦大學），都是從選拔人才和組織工作入手。他很有辦法解決困難，李濟稱他是「克難英雄中的第一把手」。

李濟在回憶起他們二人彼此間的一次交往時說道，二十世紀三十年代初，有一次在北平的北海靜心齋史語所所址二人閒談，傅對第一組（歷史組）的午門檔案整理工作的進展頗有點失望的表示（大概是受了安陽發掘的輝煌成績的刺激）。李濟問他為何有此不滿，傅說「沒有什麼重要的發現」。李濟聽後，有些不大懂他的意思，也許是感到他的答話不太對頭，因此就有意地激他一下，反問了一句：「什麼叫做重大發現？難道你希望在這批檔案裡找出滿清沒有入關的證據嗎？」傅聽後哈哈大笑，從此不再提這件事了。這說明兩個人的話雖有點兩不對賬，但卻把兩人的想法接上了線——學術材料的價值在於它本身的可靠性，可靠性愈高，價值就愈大；安陽的材料和午門的檔案具有同等的價值。

傅對李的考古組工作一向是很支持的。他知道李濟不擅長也不願意搞行政工作，所以除了建所初期請李擔任過短期的副所長、抗戰初期搬遷時曾請李代理過一段所務外，以後就不要李負責行政了（李濟後來擔任了十七年的所長，是在傅去世多年以後的事）。他們二人一生都沒有太好的脾氣，平時在工作中的爭論、拌嘴都是常事，但從沒有因此而影響他們二人一輩子的友誼。二十世紀九十年代的杜正勝所長在回顧前所長傅公的志業時，說了這樣一段話：「從現在保存的檔案分析，史語所創所四巨頭（筆者按：指傅斯年、陳寅恪、趙元任、李濟四位）中，學術觀點和發展策略與傅斯年最契合者，恐怕要推李濟。」

回憶父親張春霖

張宗海

算來父親離開我們已近半個世紀了。當年父親去世時，我們還只是十幾歲的高中生，對於父母的關愛以為是理所當然。而到了自己長大成人，生兒育女，歷經人間冷暖之後，方才體會到父母的慈愛實乃世界最珍貴的天性。在「子欲養而親不待」的遺憾和痛心中，自己也走到了花甲之年，對父親的回憶中更多的是對他治學精神和做人磊落的敬佩。

父親生於一八九七年農曆二月二十一日的河南開封。我家是鑲黃旗蒙古族，原姓巴依特，祖輩是在清朝被派到河南的駐軍將領，到了父親這一代才改為漢姓「張」。父親年幼時家境不大富裕，但他刻苦好學、誠實聰明。一九一八年父親從開封師範學校畢業後，在家鄉的一所小學當了幾年校長。一九二二年，他的恩師、我國著名生物學前輩秉志先生從美國康奈爾大學學成回國，在南京籌建東南大學。❶他聽說家鄉有一位聰明好學的青年，就邀請父親到東南大學農學系，一邊上學一邊幫助他工作。當時父親半工半讀，生活很清苦，白天上課，晚上幫助教授抄寫整理著作文稿和講義，經常工作到深夜。畢業後，在中國科學社研究所擔任助教。一九二八年，父親發表了中國人研究中國魚類的第一篇學術論文《南京魚類》，同年考取了官費留學，赴法國巴黎大

1 （右上）父母的結婚照

2 （左下）父親與孩子們在家門口合照。蹲在地上的是作者。

3　父親（右）與同學在巴黎大學校園留影

學攻讀生物學。

一九二八年九月到一九三一年，父親任巴黎博物館研究員。一九三〇年十月，他獲得了巴黎大學研究院理學博士學位，博士論文為《長江流域鯉科魚類形態學、生物學及分類學的研究報告》。他是最早單獨發表魚類分類學論文的中國人，也是以魚類學論文獲得博士學位的第一人。在法期間，他被聘為法國巴黎博物館研究員、法國動物學會及漁業學會永久會員。後又到英國倫敦自然博物館工作。其後，父親的博士導師執意要留他在法國工作，但父親卻很堅決地回國了，他說祖國此刻最需要建設人才，他要回國效力。

回國後，一九三一年七月到一九四一年十二月，父親在北平靜生生物調查所擔任技師和動物部主任，並兼任北平中國大學、北京大學、北京師範大學、北平輔仁大學、北平中法大學講師、教授、理學院院長等。

新中國成立後的一九五〇年，父親與陳楨、劉承釗、張璽等積極籌備成立中國科學院動物研究所。是年十月，動物標本整理委員會成立時，他擔任委員，並負責領導魚類部分，發起並主持中國沿海魚類系統調查。一九五一年，他與張璽教授等籌備成立了中國海洋湖沼學會。❷一九五二年至一九六三年，他擔任中國科學院動物研究室（所）魚類部主任。父親一生專搞中國魚的調查，他經常帶領研究生們到我國東南沿海各地以及黃河長江流域去實地考察、採集動物標本，為我國科學寶庫留下了《東海魚類志》《南海魚類志》《黃渤海魚類志》《中國鯉魚志》❸等大量專業著作，並獲得北京博物學會金質獎章。這一時期他還擔任中國海洋湖沼學會理事長，同時參與北京自然博物館的籌備工作。晚年，父親更加注重科研和生產相結合，致力於研究中國淡水魚的養殖和發展，使科研直接造福於民生。

在父親全心投入科學事業的時候，我們的年齡還小，關於父親治學和工作的事情都不太了解，只是後來偶爾有父親的朋友、同事們來家裡做客，從他們的談笑中聽到一些關於父親的故事。生物專家武兆發曾對我們說：「你爸爸只要看到一根魚刺，就可以說出是哪種魚。」所以他們給父親起的外號叫「魚博士」。一九六三年，父親病逝後，秉志老先生召集我們座談，給我們講述了父親年輕時刻苦勤奮、嚴於律己的事情。他說，父親那時課餘幫助教授抄寫文稿，他給自己畫了一個表格，每天抄多少字都記錄得清清楚楚。如果哪一天因為生病少寫了，也都記下來告訴教授，少受薪水，決不多拿一分錢。從這樣的小事，就可以看出作為一個科學家的誠實嚴謹的態度。聽母親講，父親由於自己是從艱苦的環境中苦學出來的，同時出於對科學事業的熱愛和執著，他對青年學生的教育和培養非常熱心，其治學態度也非常認真嚴格。有的學生生活困難，他就在經濟上和生活上給予幫助，在精神上給予鼓勵，盡可能地給學生創造便利的學習環境和條件。在他有生之年，先後培養出了鄭葆珊、李思忠、張有為、王文濱等一大批我國早期從事魚類學專門研究的專業人才。

長年從事教學和科學研究，大量艱苦的腦力勞動給父親的身體健康帶來很大的損害，父親患了高血壓、心臟病、糖尿病，但他直到去世的當天上午還在堅持工作。記得一九五七年，父親突然患了中風，左邊一段腦血管硬化，經急救後脫離了生命危險，但右半身麻痺。在北京北郊小湯山療養院住了一年，經過中西醫的綜合治療，終於可以走路了，但右手不靈活，拿筆寫字很困難。父親出院後就堅持鍛煉右手的活動能力，練習寫字。一開始寫得很慢，手抖得厲害，字寫得又大又歪斜，就像幼兒初學寫字一樣。但他老人家堅持不懈地苦練，後來終於可以寫信、寫文章了。

父親是在一九六三年九月二十七日中午突發心肌梗死❹去世的。在他走後的幾個月，他的最後一篇著作出版了。父親的剛毅、堅強和忘我嚴謹的治學態度，是我們兒女心中無法磨滅的印記。

註釋

❶ 秉志於一九二〇年回國，並於一九二一年創建南京高等師範學校（同年改名為國立東南大學，今為南京大學）。

❷ 中國海洋湖沼學會，於一九五〇年成立。

❸《黃渤海魚類志》應名為《黃渤海魚類調查報告》，《中國鯉魚志》應名為《中國鯉類志》。

❹ 心肌梗死，即心肌梗塞。

我們的父親華霽蓀

華亦增

我們的父親華霽蓀（一八九七—一九九一）是留學日本研讀細菌學的醫生。二十世紀二十年代首先在國內研製牛痘苗，是國產牛痘苗第一人，是我國生物製品的先行者。

父親雖然在開創、研製、生產生物製品方面曾輝煌一時，但是經過日本侵華戰爭及歷次事件，歷史資料所剩無幾，最後留下的只有幾張老照片、幾本畫冊和一疊檢查材料。

1　父親華霽蓀。

父親華霽蓀一九一七年從蘇州江蘇公立醫學專門學校畢業後，於一九一八年赴日本東京北里傳染病研究所研讀細菌學，師從著名的細菌學家北里（Kitasato），[1]一年後轉為老師的助手，直到一九二二年返國。

父親回國後，一九二六年至一九三四年，我國共有三次霍亂流行。如一九二六年夏，市上並無疫苗供應，待商人從日本大阪購買了疫苗運回來時，流行高潮已過，無人購買。醫藥界人士認為這是急需解決的一個問題。父親的「檢討書」寫道：「眼見這種情景，我認為防疫是國計民生國防建設的大事，防疫藥品要依賴外國人供應，對研究細菌學的人來說是奇恥大辱，是有悖於獨立自主精神的。研製並生產國產的防疫藥品來預防疾病，是自己當仁不讓的責任。」

因此，他在一九二七年和費子章在蘇州合辦醫院時，用了兩塊牌子：濟民醫院和中華傳染病學院。「雖是一個機構兩個名稱，但是目標很明確：前者是面向蘇州本地的病人，是看病、化驗，做到有經濟收入；後者是面向全國，是研製生物防疫製品。開始時要靠看病、化驗的收入，來資助生物製品的研製。」

在決定製造防疫疫苗後，父親製造了一些預防霍亂的樣品。藉此他走訪了上海醫藥界知名人士，並辦理送請中央衛生試驗所化驗，以向上海市衛生局登記、申請批准生產。在訪問過程中，發現藥界人士更迫切希望能供應牛痘苗，父親因此轉為主要研究和製造牛痘苗。

關於製造牛痘苗，父親原來只有書本上的知識，並無操作實踐，一切都是從零開始。先進行小動物（如兔子，荷蘭鼠、小白鼠等）的生物試驗。成功後，再將牛痘病毒種在牛的肚皮上，待牛痘發泡灌漿後，刮取痘漿。再將痘漿經過研磨除去組織殘渣、消滅雜菌等複雜的技術處理，製成牛痘苗。

開始，痘漿是在普通乳缽用手工研磨的，漿是裝在瓶內的。以後，再將手工研磨改為腳踏式的機械，後來磨漿機改為電氣化；瓶裝痘漿也改為用毛細管裝。在把漿吸入毛細管時，開始是用網球一支一支地吸，極為笨拙又費力，以後吸漿由手工改為用真空泵，九秒鐘可裝五百多支。疫苗的製作經歷了從人力到機械化到電氣化等階段。當年所用的大型設備如電孵箱、高壓消毒器都是由他自己設計由小銅匠製造的。

牛痘苗的樣品製成後，先送上海試銷。在做了若干改進後，在上海市衛生局登記，並申請批量生產及銷售，由上海市衛生局發給「銷售痘苗許可證」。父親華霽蓀可以說是中國牛痘苗製造的第一人。

牛痘苗一九二九年正式投產後，銷售量逐年上升，每年銷售兩三萬打，一九三四年銷售量超過三萬打，營銷全國各地。中華傳染病學院生產的防疫製品的商標定名為「鐵甲牌」，取盔甲能保護身體之意。以後父親又研發生產了霍亂、傷寒防疫疫苗和含乳酸菌的助消化藥「妙趣媚」，也都大批量銷售全國。這些藥品對抑制疫情、保護人民身體健康起了很大作用。

那一時期，我們三姐妹都只有十歲上下，我們清楚地記得當時父親工作一直很忙碌。家中有一間養牛房，還有一個飼養兔子和荷蘭鼠的地方，據說是做試驗用的。養牛房裡常常養著十多頭牛，是父親去丹陽採購來的。買回的牛飼養一段時間後，父親就要與幾個助手將牛翻過身來捆綁在一張非常結實的「牛床」上，後來才知道是在牛身上種痘漿。

父親當時僱用了兩個助手和四個工人。母親是父親的得力幫手。她原是小學教師，這時辭去了教師工作，一心輔助父親。她不僅要管好全家的衣食住行和女兒的教育，還要管醫院裡所有人的飲食。忙的時候也要去幫著做些輔助工作。我們小孩子課餘時也常去幫著做些在裝牛痘苗的竹管上塞

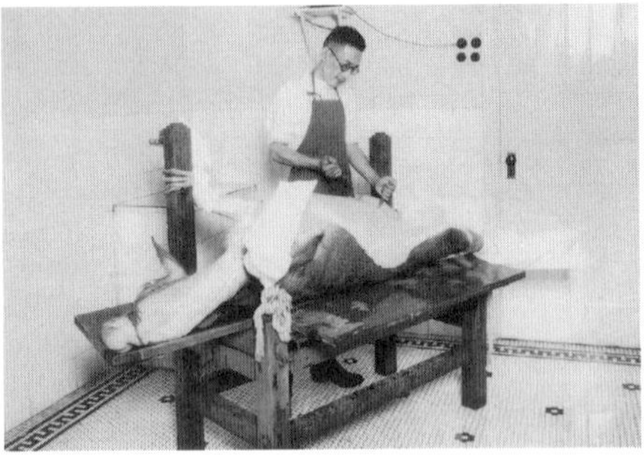

1 （右上）20世紀30年代的全家福

2 （左下）圖中父親在工作

棉團或給疫苗瓶上貼標籤等小事。父親的化驗室擺滿了各種醫療儀器，這裡是最後出成品的地方，父親是不讓小孩進去的。抗戰爆發前這段時間，是父親事業最輝煌的時期。當時他是四十歲左右。

一九三七年，蘇州淪陷，我們家和醫院被日軍佔領，設備被毀，全家移居上海。父親考慮到防疫事業仍然需要牛痘苗等防疫藥品，於一九三九年與上海五洲藥廠訂了三年合同，為該廠籌備和主持牛痘苗及生物檢驗工作。一九四二年三年期滿，五洲藥廠生產的「地球牌」牛痘苗取代了「鐵甲牌」牛痘苗。從此，父親告別了自己熱愛和為之奮鬥半生的生物製品事業。

一九四二年後，父親當了近十年的開業醫生。一九五二年到上海華東紡織學院當了衛生科長，加入了九三學社，一九六六年退休，一九九一年病逝。

我的姊妹華嘉增在二十世紀八十年代訪問日本時專程去訪問了北里研究所，受到他們熱情的接待。他們查閱到當年父親在北里工作過的記錄，並將該資料複印後贈送。

註釋

❶ 北里柴三郎（Kitasato Shibasaburō），日本著名醫學家、細菌學家。

父親的夢

曹雷

如果我對人說，我的父親——當過國文教師、做過戰地記者和報紙編輯，研究國學和歷史相當有成就，在文壇上活躍了五十年的曹聚仁，曾經憧憬過成為一名演員，一定不會有人相信。以我這個從藝四十年的人的眼光來看，我父親也確不是塊演員的料：五短身材，操著一口浙江官話，嗓音也沒什麼特點，唱什麼歌都像吟古詩那樣哼哼，右臉頰上還因兒時患牙齦炎留下了一條深深的疤槽。我小時候很喜歡看他有疤痕的這邊臉，這給他帶來一種特殊的氣質。我想像不出沒有這道疤槽的爸爸會是什麼樣。父親一點也不具備演戲方面的天賦。可要是你當面對他這麼說，他就會不服氣地叫你去翻翻二十世紀三十年代的《大公報》，上面記載過他如何導演熊佛西編劇的《一片愛國心》，由暨南大學教職員在安亭演出，演得如何成功；他會如數家珍地告訴你，他還排演過抗戰劇本《牯嶺鬼屋》，寫過一支由蕭友梅譜曲的抗日歌：「槍，在我們的肩……」真的，儘管父親當不了演員，但他真是醉心於戲劇藝術，這份癡迷，有時比我這個當演員的更甚。

我五歲的時候，已經是小學一年級的學生了，被班級推選出來參加全校演講比賽，講稿是父親為我捉刀的，題目就叫《我要當個演員》。稿子裡有兩句話，至今我還記得：「我要當一個演員，我要我哭，人也哭；我笑，人也笑……」我的演講獲了獎，面三角形的獎旗就掛在黑板正上方，掛了一學期。

我不知道父親當時是不是拿準了我將來會成為一個演員，但我回想起來，這篇講稿倒是流露出他的一份遺憾——沒能成為一個演員的遺憾。他希望女兒能彌補這份遺憾。

父親對我說起過爺爺，那是個思想開明，卻又治家極嚴的農村學究，從來把看戲跟賭博相提並論，不許家人沾一點邊。偏偏父親兒時「人小鬼大」，越是大人禁止的事，越是對他有種神秘的吸引力。雖然一生未曾挨過賭桌的邊，卻在第一次偷偷看了戲後就迷上了戲劇，還一直崇拜那個《桃花扇》裡寫到過的明末泰州有名的說書人柳敬亭。

抗日戰爭的烽火年代，父親穿上戎裝，出入戰場，做了戰地記者。在寫了大量戰地通訊的同時，還寫下了他的第一部長篇小說《燈》，❶反映了一群青年人在抗戰中的不同命運。二十世紀四十年代初，他在江西就曾想做一回柳敬亭，用說書形式講他的小說《燈》。他計劃得很好，每天先評說四十分鐘的抗戰形勢，下半場再說四十分鐘的小說。場子聯繫好了，海報都貼出去了，不料日本飛機一陣轟炸，把當地的發電廠炸毀了，他說書的計劃也一齊給炸掉了。

父親倒並未氣餒。戰地採訪，使他有機會去到東南沿海和內地的小城、農村，還到了與弋陽毗鄰的上饒，到了南曲大劇作家湯若士❷的家鄉江西臨川，又在另一南曲劇作家蔣士銓家鄉鉛山住了些時日，去了徽劇和青陽腔的發源地皖南……所到之處，他必設法看戲，地方劇、採茶戲、木偶戲、草台班，什麼都看。並非為了娛樂，而是悉心研究。

1 （右上）1946年，作者與父親曹聚仁攝於上海。

2 （左下）1959年深秋，曹聚仁先生最後一次返回祖國大陸，與家人合影於上海人民公園。

也許是受到了父親潛移默化的影響，儘管在我十歲那年，父親就離家去了香港，但「要當一個演員」的願望，卻在我心裡扎得很深。終於在一九五七年我考入上海戲劇學院。

一九六二年，我在戲劇學院的畢業劇目《桃花扇》中飾演李香君。當在台上與劇中人柳敬亭對戲時，不由自主地總要想起父親來。我寫信告訴父親，他激動不已，給我寄來《板橋雜記》及孔尚任曲本，還寫了幾段《讀曲微言》。他對我說：「《桃花扇》乃是我四十年前第一回所讀之曲本，恰在武昌碰上兵變，彷彿柳敬亭之投轅；十多年前，我又在秦淮河畔，經歷了南朝新事。一天下午，G氏❸訪我於旅次，我反覆陳詞，說到福王的覆轍，殷鑒不遠，謂內戰不可不早日停止，終無以改變當局的意向……」父親是把戲劇和歷史聯繫在一起來看的，自有比我多一層的感慨。

我雖不喜上銀幕（至今仍如此），但命中似乎注定要與銀幕結緣。剛畢業，就被導演找去拍片；第二年，又在電影《年青的一代》中扮演了一個很有個性的女孩兒林嵐（這角色，我先在話劇舞台上演了百來場）。影片拍成，在香港公映，父親終於看到了我的戲。

在給我的詩中，父親有「默然相對影中人，嬌喚爹娘恍若真」句，從中可以體會出他恨不能走上銀幕應一聲的心情。自他離開上海，至看到我拍的電影，已過去整整十六年。十六年中星移斗轉、風雲變幻，我們只有幾次短暫的相聚。雖不斷有書信往來，可是親耳聽見女兒叫「爸爸」的聲音，真是會讓他心震神顫的。儘管聲音是銀幕裡傳出，儘管喚的是戲中人，在父親聽來，確是「恍若真」呢。

父親為我真成為一名演員而高興。他又何嘗不想我能跟他生活在一起，成名香港，走紅海外！可那是在二十世紀六十年代。正是我拍完《年青的一代》前後，有位在港台紅了半邊天的電影明星林黛自殺身亡了。林黛的父親程思遠先生也是我父親的好友。過去兩位老友見面，常談起各自當演員的女兒。林黛的不幸，使思遠先生受到極大打擊，我父親也極為痛惜。在觀看《年青的一代》後不久，他又看了一部林黛主演的影片，並在文章中寫道：「想到這大眼睛的野姑娘已經埋骨兩年，叫我怎忍心看下去呢！」在這樣的矛盾心情下，他再也沒有提過要我去香港的願望。

但父親自己對戲劇藝術的研究，始終未曾間斷。二十世紀五十年代後期，他有機會多次回到大陸，走訪各地。就像抗戰時期一樣，無論到何處，他都不放過看戲的機會。他說：「在別人的百忙當中，我卻有從容欣賞的機會，誠如劉姥姥進了大觀園，把從古以來沒去過、沒聽見過的都見識到了。」他看了贛劇、川劇、秦腔、評劇、黃梅戲、呂劇、江淮戲、越劇、粵劇……看了舊形式新題材，也看了新形式舊題材。他寫下了各種劇評、觀感、介紹，匯輯在他一九六〇年出版的《人事新語》❹一書中。

二十世紀六十年代末期，父親經歷一場惡疾，總算浮過了生命海。他拖著衰弱的身體，面對病魔的威脅以及嚴峻的政治空氣的壓迫，多方求助，終於把幾十年來對中國戲劇研究的點點滴滴匯總起來，寫下了二十多萬字的評述，並把二十多年來收集的劇照、相片、資料、圖片共兩千多幅，集成一本大書出版，書名《現代中國劇曲影藝集成》。

這是他咬著牙，拼著最後一口氣在臨終前完成的大事。他在信中對我說：「雷雷，這是我為你做的一件大事。四十歲以後，你再看這本書，會明白我的用心。」

四十歲以後的我，由於種種原因，不能適應拍攝電影的生活，轉到幕後，幹起了為外國電影譯製配音這一行。但我仍是一個演員，仍是一個「我哭，人也哭；我笑，人也笑」的演員，哭笑的背後，學問深遠，夠我一輩子奮力而行。我明白父親的用心。

註釋

❶ 曹聚仁已出版的小說有二：《酒店》、《秦淮感舊錄》。

❷ 湯若士，即湯顯祖，著名劇作《牡丹亭》為其代表作。

❸ G氏，疑指蔣經國。

❹ 《人事新語》由香港益群出版社於一九六三年出版。

我的父親王芸生

王芝琛

我的父親王芸生，原名德鵬，「芸生」這個名字還是進天津《商報》當總編輯時介紹人信口說出來的。如果要向父親追問一句，他會笑著回答：「芸生者，芸芸眾生之謂也。」如今年過七十的人，提起王芸生，馬上都會聯想到《大公報》，人們稱他與《大公報》，「蓋一而二，二而一者也」。

一

一九〇一年九月二十六日，天津南運河北岸佟家樓一戶寒苦的人家裡，生下了他們的第三個男孩——我的父親王芸生。因為破產，我的爺爺從小就從天津附近的靜海縣流落到天津市來了。小小年紀，無依無靠，乞討到了天津西頭芥園廟，老和尚收留他在廟裡幹點雜活，慢慢地學會了燒菜做飯成了廚師。三個兒子中，大兒子後來繼承了父親的手藝，老二後來只是一個看門的人，那個老三呢，由於從少年時代起，就勤學苦幹，二三十年後，不僅成名成家，竟然成了中國

1 （左上）20 世紀 30 年代，王芸生與夫人馮玉文、長子王磊（王芝光）、長女王芝芙在天津。

2 （右下）20 世紀 30 年代，王芸生與長子王磊（王芝光）在天津。

新聞界一位風雲人物。

談起少年時代的生活，父親深情地懷念著的有兩個人。第一個是我的奶奶。為了改換門楣，做父母的不忍心讓老三也像他的兩個哥哥那樣碌碌一生，再省吃儉用也要送他上學讀書，可那一年三節，每節一塊現大洋的學費，談何容易。父親說：「每到這時，母親為此四處奔走，然後把借來的『當』，交我送進當舖。當舖的櫃檯高，我人矮小，踮起腳來才能把那個小包袱遞到探出身子來接的掌櫃的手裡，挑剔半天，才從櫃檯裡扔出來，只要夠上一塊現大洋，我就趕快撿起來，高高興興地交給母親繳學費去了。」

第二個難忘的人是一位姓陳的私塾老師，外號叫「陳扒皮」，據說打起學生來跟扒皮似的。但陳老師知道父親唸書非常用功，非常規矩，不僅不打他，反而經常安慰他。幾十年後，父親談起陳老師來還意味深長地說：「老師不嚴，學生是學不出東西來的。而一位真正要求嚴格的老師，終究會成為學生感念的『慈師』的。」

「勤」與「苦」是父親終生信守，並受益不盡的。他讀私塾時是這樣，自學英文也是這樣，即使在做茶葉店小學徒時，仍不忘勤讀苦讀。他常常用下面兩句詩自勉自勵並教育我們：「書山有路勤為徑，學海無涯苦作舟。」❶

二

父親不喝酒、不吸煙，甚至也不喝茶。幾十年來一直是幹報館工作，無論是當編輯主任，還是當總編輯，都是熬夜的活，有時為了等新聞，回到家已是清晨三四點。每晚工作後，雖十分疲乏，飢腸轆轆，也從不在外吃夜宵，也不讓母親為他準備夜餐，回到家只要幾塊餅乾和一杯白水，就已經很滿足了。

我們兄弟姐妹，起先還常常被母親呵斥，後來都養成習慣，不管是上課，還是節假日，清早起床穿衣洗漱、抹桌吃飯都輕手輕腳，生怕吵醒熟睡的父親。記得有一次，不知要拿什麼東西，必須進父親臥室，經母親批准，我摸黑進屋，越是小心越是出差錯。匡啷！我踢倒一把椅子，嚇得我魂都沒了，心想一定要挨揍，最起碼也得挨罵，只聽見父親翻了個身，又「呼」上了。走出房門，卻遭到母親的一記揍。

每天一篇社評，這是《大公報》的老規矩，早在張季鸞先生去世（張先生一九四一年九月六日去世）前，父親就已擔起這副重擔。那時他每天回家時間很短，回來也只是睡睡覺，由於勞累，上火的事又多，經常流鼻血，厲害起來一流就是痰盂小半盆，真把我們嚇壞了。母親趕忙將涼水浸過的毛巾敷在父親頭上，他用手捣住毛巾，繼續幹他的事。母親也不敢勸，一勸他就急。

我們家始終是跟著《大公報》顛沛流離，天津、上海、漢口、重慶，又回上海……一九三八年秋，武漢大撤退，《大公報》也從漢口撤往重慶。父親率《大公報》漢口版全館人員乘江華輪溯江而上。船行至宜昌遭日機轟炸。我們全家都在江華輪上，才一歲的我，由於發高燒，母親在船艙內用煤油爐給我煮點稀飯，不慎將稀飯碰灑在自己的前胸，滿胸燎泡，到重慶後好幾個月方癒。

我們在重慶的第一個家是在白象街。一九三九年五月三日和四日敵機兩次大轟炸，《大公報》亦遭其難，我家房屋被震倒一半。那時父親從來不跟我們一起躲警報，大哥、大姐各自都在學校，我和二哥由母親領著正在樓梯間，倖免於難，二姐在一個寫字桌底下躲著，被埋於廢墟中，事過半個多小時，才把她挖出。一九四一年六月，「重慶防空壕大慘案」，❷父親就在洞中。據他說，敵機空襲時，當時有的人要進，有的人要出，把洞口堵住了，悶死不少人，只見許多人赤身裸體往洞口擠，他是得到一位難友給了兩粒人丹和一小塊八卦丹含在嘴裡，才得倖免。有一陣子，《大公報》乾脆搬到防空洞裡出版發行。父親和他的同人❸們，就是這樣跟日本鬼子對著幹，寫出多少堅決抗戰的好文章啊。正像父親所言：「本報同人，幾枝禿筆，一張爛紙，顛沛流離，從事言論工作，以綿薄之力貢獻於抗戰。」

我們家的生活，雖沒缺過吃穿，但日子仍過得清貧。母親和我們兄弟姐妹六人都是靠父親一人的薪金過活。父親領回薪金後，往往還要接濟一些親戚朋友，餘下的才由母親支配。在我的記憶裡，在重慶八年多，幾乎沒穿過新衣服，衣服都是揀哥哥的穿。記得某個春節，母親給我做了一套新衣服，大年三十我都沒捨得穿，而是放在枕頭邊，等到大年初一早上才穿上，之後就在整個報館裡跑，許多父親的同事都逗我說：「王小弟，今天穿新衣服囉！」我們的內衣內褲經常是

3 （上）王芸生、馮玉文夫婦與六個子女的合影（前中為三女王芝瑜）。1948 年 9 月攝於上海。

4 （下）王芸生夫人馮玉文與長子王磊（王芝光）、長女王芝芙、次女王芝慕、次子王芝秋、三子王芝琛，1938 年夏在漢口。左二是王家保姆。

用報館處理的油墨布做的，雖然事先母親已用鹼水洗過多次，字跡看不太清楚了，可是穿在身上仍然能聞出油墨的味道。

我不喜歡與父親同桌吃飯，因為他規矩太多太嚴。吃飯不許說話，不許發出聲音，無論是碗筷聲，還是吧嗒嘴聲。夾菜也有規矩，不許「搭橋、過河」，實際上就是不許挑菜吃，不許專挑肉或蛋。這時，往往是母親站起來給我們撥點好吃的菜。父親對我們的課外閱讀管得特別嚴。記得抗戰勝利，我們又回到上海，我和二哥有時向母親磨點零花錢，租本小人書，其實不外乎《荒江女俠》、福爾摩斯偵探小說之類，給父親知道了，絕對逃不過一頓揍。大哥王磊（原名王芝光），在同濟大學唸書時，跟同學玩橋牌，賭輸贏，有一次將鋪蓋和洗臉盆都輸掉，被父親知道後，又罰跪，又暴打，甚至於把拖把棍打斷，母親心疼去護著，還挨了一棍。

中華人民共和國成立後，父親很多方面的變化都相當大。其中一個，就是幫母親幹家務。他知道自己不會燒飯做菜，但他主動承擔採購任務。無論是酷暑還是嚴冬，每天一清早他就拿著鋁鍋去打豆漿買火燒。排隊買菜、買肉、取奶都成了他的活。每次採購完總是那麼高興。

父親臨終，在病榻前跟我談的大多仍是《大公報》，尤其是談這張報紙的二十世紀前半葉，很少談家事。對於母親，我家的朋友，尤其是親戚，都讚賞她嫁了個好男人，一輩子都沒有愁過吃穿；還羨慕她有六個孝順的子女，多福氣。而父親的看法恰恰相反，他說：「你媽自從嫁給我，沒有享受過一天的榮華富貴。勞累、勞累，一輩子勞累的命。」「還有就是擔心、擔心，一輩子的擔心。從軍閥褚玉璞對我的通緝和追捕，到國民黨蔣介石的三查王芸生……」「擔心完了

5 1955年8月，王芸生、馮玉文夫婦與子女合影。長子王磊（王芝光）不在北京，沒有參加合影。

我，又擔心你們，再健康的神經和心臟，也經不起這樣長期折騰啊。」父親還提醒我說：「不知你注意到沒有，你媽幾十年圍著鍋台轉，成天忙忙碌碌，給這個做飯，給那個做飯，但從來沒有單為她自己做頓飯菜。唯一給自己做的是，熱剩菜剩飯。」我從來沒見過父親如此動情地感歎：「一個樸素崇高的女性，一個偉大的母親！」「我死之後，你們一定要照顧好你媽。」

母親臨終前幾天，用那被病魔折磨得如柴火般的雙手，拉住我說：「我死後，把我的骨灰跟你爸的骨灰放在一起，仍存放在八寶山。」我答應了。她又繼續說：「那邊小屋有個佛龕，逢年過節你要點上三炷香，就算我保你們平安！」

註釋

❶ 「書山有路勤為徑」句取自韓愈《勸學》。

❷ 「重慶防空壕大慘案」，即重慶隧道慘案：時年六月五日，逾萬名人民擠進僅容納五千人的防空洞，因日軍長時空襲、避難人數過多，引致窒息及推擠踐踏的慘況。

❸ 同人，即同事的舊稱，指在同一單位共事的人。

武昌車輛廠創始人——父親李宣予

李嘉陵

我父親李宣予一九〇一年出生在湖南澧縣一個殷實的農民家庭，祖輩皆以種田為生。澧縣是澧水的重鎮，因澧水而生，因澧水而名。澧水出湘西北，經澧縣向東匯入洞庭湖和長江，東流入海。湖南是魚米之鄉，澧縣也是這樣的地方。一方水土養一方人，勤勞的爺爺依靠艱苦的努力，讓一家人得到溫飽，但過度勞累加上當時落後的醫療水平，使他三十八歲就去世了，奶奶在萬般艱難的條件下把爸爸和叔叔養大成人。我爸爸身上就繼承了湖南農民所特有的執著與倔強，加上他自幼好學，小學畢業後考上縣裡的中學，初中畢業後又考取了長沙市的重點中學。在上中學階段他就十分敬佩詹天祐的為人和他領導修建京張鐵路的偉大創舉，自己也希望追隨詹天祐，為鐵道事業貢獻自己的一生。

1 父親李宣予

一九二一年，父親高中畢業後考上北大預

科，讀了一年，為了實現自己的理想又考取了唐山大學，分科後分到上海交通大學機械系。上海交大創建於一八九六年，為我國第二所現代意義上的大學，最早是由盛宣懷等一批有識之士在滬創辦的南洋公學，一九二一年改稱交大。機車車輛專業是當時該校的著名專業，二十世紀二三十年代畢業的上海交大學生裡出了許多優秀的專家。父親在交大讀書期間，還擔任過上海大學生聯合會主席，組織學生參加過五卅運動。儘管在學習期間因為社會活動多，耽誤了不少時間，但是他仍然憑藉頑強的毅力，日以繼夜地苦幹，終於補上了落下的功課，以優異的成績畢業。一九二六年從交大機械系畢業分派至廣紹鐵路工作，任公務科科長。一九二七年到交通部上海電信局任技術員，後轉入滬寧鐵路任助理工程師。其間，一九三四年至一九三六年自費去英國伯明翰機車車輛廠實習。

當時，英國的鐵路和機車技術居於世界領先地位，伯明翰機車車輛廠又是英國機車的製造中心之一。他在英國通過下現場，參觀，實習，充分了解了自瓦特以後，幾百年來，英國因為發明了蒸汽機為原動機而領導了第一次產業革命的歷史，更深刻地認識到了鐵路運輸中火車頭的關鍵作用。他的專業知識到了這裡更有了一個質的飛躍，可以說是百尺竿頭更進一步。他盡其所能地吸收一切先進的技術知識，準備回國後讓祖國也能夠早日造出最好的火車頭來。

從當年這些照片中，可以看到父親在伯明翰機車車輛廠勤奮工作的身影。

一九三六年回國後，父親在浙贛鐵路任副工程師。

一九三七年經朋友介紹，父親和我媽媽（曾昭華）認識、結婚。我們有一個幸福而溫馨的家

2 （上）父親（前排左一）與同去英國的朋友、同事合影。

3 （下）父親（左一）在英國伯明翰機車車輛廠實習時留影。

4 （左）父親和母親結婚時合影

5 （右）作者和父親、母親以及哥哥合影。

庭。婚後我媽媽一直沒去工作，雖然家務負擔很重，但有媽媽照看，爸爸可以安心工作。媽媽一直是爸爸的精神和生活的支柱，在困難的時候，兩人總相依為命地過日子。

抗戰爆發後，一九三九年父親輾轉來到陪都❶重慶，任公路總局技正兼技術科科長。一九四五年父親由交通部派往美國考察一年，一九四六年回國。知道爸爸要回來，我們都高興得不得了。抗戰時期在重慶生活很艱難，吃的東西很少，我們住在山上，下來，上去，需要爬三百多級台階，買東西就更困難，外婆和媽媽在山上開了一塊地，種點青菜，還養了好多雞。爸爸這一回來，我們就可以回武漢了（此前爸爸已經接到到武漢工作的任命）。他從美國回來，給我們帶了好多衣服、書本，還有各種漂亮的鉛筆和蠟筆。我記得最清楚的是給我們每人買了一件大衣，我和哥哥還穿著新大衣合了一張影。我很喜歡那件大衣，淺棕色，毛茸茸的，還帶猩紅色閃緞的裡子和鑲邊。長大以後，我的小大衣一直留著，作為紀念，後來還傳給了我的女兒。爸爸還從美國帶回一打派克金筆，本來是他自己用的，可是那時公共汽車上扒手太多，他的筆經常被扒掉，後來剩下最後一枝，他收藏起來，說留著給我上大學用。一九五七年我如願考取了清華無線電系，爸爸就把那枝派克筆送給了我，我在清華六年就是用這枝筆完成了學業。

八月份，根據交通部之鐵路會議擬訂的「戰後五年建設計劃」及「鐵路總機廠之車輛製造設計綱要」，在南京正式成立「武昌車輛廠籌備處」，由我父親擔任籌備處處長兼總工程師。

一九四六年接受武昌廠籌備工作後，他廢寢忘食，日夜操勞，短短兩年時間，在一個寸草不生的荒灘上豎起了一萬四千多平米❷的主廠房、辦公樓和存車庫，安裝了一百九十一台機床設

6 （左上）作者和哥哥於 1946 年合影，兩人穿的新大衣就是父親買的。

7 （右下）這是作者一家在武漢的住處，父親、母親和車輛廠的同事在家門前合影（右一是父親，中間是母親，兩個孩子是作者和哥哥）。

備。當時技術力量奇缺，真正掌握全面技術的只有他一個，一切幾乎從零開始。可以想見，從工廠的土木建造到一台台機器設備的安裝調試，不知道花去了他的多少心血。這兩年是他最辛苦也是最有成就的時期，武昌車輛廠的雛形就此誕生了。

這個廠的建成傾注了他的大量心血，他視之為自己生命的一部分。解放前夕，親朋好友勸他棄廠赴台奔港，被他斷然拒絕。在混亂之時，國民黨在撤退前決定炸毀工廠，他和全廠職工一起組成糾察隊護廠。武漢解放以後，為支援大軍南下，一面搶建廠房，安裝調試設備，一面招收技工，六七月份就開始了火車頭的生產準備。

父親待人誠懇，作風正派，平易近人，和工人相處得很好。不僅如此，他雖然是名牌大學畢業，又留學英、美，卻從不忘本，他總是惦念著在農村的奶奶和叔叔，多次接奶奶來和我們同住。我記得因為奶奶是小腳走路不方便，父親常常叫我去給她買吃的東西，他下班回來，不管多累都要先去看奶奶。他也想讓叔叔來城裡工作，全家人可以在一起，但是最終因他們不習慣城裡的生活，又沒有朋友，覺得很孤獨，非要回農村不可，所以我一輩子和奶奶、叔叔在一起的時間很少。

父親是一個農民的兒子，通過自己的艱苦奮鬥，解放前就加入到中國高級工程技術人員的行列，像他這樣的情況在舊中國是不多見的。

註釋

❶ 陪都，指國家在首都外另立的都城，而重慶自一九四〇年被國民政府定為「陪都」，實為戰時首都。

❷ 平米，即平方米。

父親的追求

李廣開

父親李國恩，字霈霖，祖籍北京。一九〇一年生於北京哈德門（今崇文門）外，這是他生活了一輩子的地方，也是他創立妙香閣製香廠的地方。

二十世紀二十年代，父親帶領以家庭婦女為主的勞動力開始研製生產安息香、香水香、芭蘭香等供回族同胞日常生活所用的薰香香品。這種來自古波斯的具有東方薰香味道，完全不同於中國傳統的香品，人們稱其為「安息香」。這種香的製作方法很簡單，首先將原材料粉碎，配以其他木粉，用適當的水攪拌成面劑，再將它們敷抹在竹棍兒上成型，風乾即可。這麼簡單的產品，要想做好可不是容易的。父親在生產安息香的同時，還生產中國傳統的祭祀用薰香香品。據不完全統計，這類香品先後生產了近二十種，諸如淨莊嚴香、奇南香、如意香、白檀香、歡喜香、極品貢檀香等。後來由於安息香、芭蘭香、驅蚊香、洗滌護膚品的供不應求，他的主要精力轉移到了後來被稱為「衛生香」（安息香、芭蘭香）的香品上。

父親發現，這些香品的原料大多來自天然的芳香動植物，他覺得，把這些東西用來做香燃燒掉，實在可惜。要知道，這些東西可都是治病救人的良藥啊。於是，他採用進口的香精香料做原

1 （左上）20 世紀 40 年代中期，父親在廠甸廟會上留影。

2 （右下）1958 年，五十七歲的父親在北戴河療養時留影。

料，經過稀釋後，配兌成混合液，刷在香坯上，風乾後即可上市。不久，其他製香戶也來效仿。使用香精的好處是節約了大量寶貴的藥材，製香成本也隨之下降。這種新型香品的味道遠遠超過了傳統香品，香氣散發得更長久。

當年，每逢農曆二、五、八日，父親便在前門夜市擺攤銷售，位置就在今天前門大街「一條龍清真飯莊」附近。由於產品的品質好，氣味芳香誘人，價格適宜，經常供不應求。為擴大生產，父親遷居至哈德門外東廳胡同，並開始使用「妙香閣」的字號。久而久之，由於貨品質量好，品種多，京城百姓尤其是回族同胞送他雅號「哈德門香李」、「哈德門棒兒香李」。二十世紀三十年代初，市政當局整頓市場，取締了夜市，父親遂改在家銷售，串戶推銷。後來，來自開封的一位張姓客商買了兩袋芭蘭香帶回河南。半月後，父親收到居住在開封書店街的張先生的來信及匯款，要訂購兩箱（二百四十打）芭蘭香。從此，妙香閣的買賣走出北京，延伸到平漢線、隴海線及周邊地區，覆蓋了大部分市場。同時還有少部分出口到英國、美國、智利等國家和地區。為了擴大產品的知名度，父親還參加了北平市政府主辦的平漢線產品展示會。

這一時期，妙香閣的產品主要有芭蘭香、香水香、藏香、象藏香、清神線香、荷花香、安息香、美術線香、三色香、茉莉花三色香、香水棒香、金龜牌三色盤香、花神香、十里香、龍涎香、現字真妙香、鷹牌驅蚊線（盤）香、印度香、土耳其香等。產品中還有專供回族逝世者使用的全香粉，又稱攢香。這是一種完全由芳香中草藥組成的藥粉。另外還有產量不大的洗滌用品：以牛羊油為原料的胰子球、雞油皂、洗衣皂、桃花鹼、精鹽牙粉，以及護膚品玉容油等。

妙香閣之所以能在短時間內取得如此成績，除了父親多年的經營歷練之外（他在經營香品之前，還經營過古玩舊貨，在圖章館、糕點舖學過徒），也與他無意間在圖書館看到明朝人周家胄撰寫的《香乘》一書有很大關係。這是一部有關「香」的專著。父親通過仔細閱讀，領會了「法合眾香」「合香之法貴於使眾香咸為一體」等製香宗旨。他還從中學習了許多傳統配方，並結合當時的具體情況，對方劑進行了變革，使古老的配方能為今所用、為我所用。

中華人民共和國成立前，連年戰亂，民不聊生，家中人口眾多，負擔很重，妙香閣的買賣漸漸難以為繼。無奈之下，父親不得不於一九五〇年初申請歇業。他在歇業申請書中寫道：「我業專門香水香、殺蚊香。香水香無人用，殺蚊香自D.D.T來華，我們受了致命傷。」在申請書中，父親還「希望對日本締結合約後，該國出口除蟲菊來華，再為復業，重製殺蚊香再供社會應用（我國現無除蟲菊生產，希望政府提倡播種）」。

幾個月之後，父親又申請復業。在復業申請書中，父親申述了復業的理由：

一、我們出品的竹棍兒避瘟香在抗戰前曾普銷全國及英美各地，後交通梗阻，一蹶不振。但近半月來西安、太原、漢口、開封、長沙各地來信詢問我出品情形，於此足見各地經濟好轉，我們可以放手去做。二、避瘟香係我少數民族特有之技術，為愛清潔之必需品。近日西北各地銷路陡增，我是此業原發起者，現不甘落後。三、我業出品雖然無關國計，但站在民生尤其是文化立場，確有移風易俗及溝通少數民族技術，仍需自求精進之必要。四、我們雖然願意轉業，但有一地能銷，我們的生活就無問題。二十年心血一旦無路可走，實感痛心。五、我們在政府明確指導之下，一切的一切使我們放心，可以繼續做下去，自求更生，成一良善商人。

政府有關方面以其「時間倉促」未予批准，父親遂以他的長子之名，辦了「真妙香」的牌照。無奈多年的問題積重難返，家中經濟狀況未見好轉，處於「煙不進，火不出」的蕭條狀態，前後只維持了不足兩年。

一九五三年，父親進入他徒弟辦的製香企業幫工，負責調配香料。一九五六年父親跟隨這家企業併入公私合營的北京肥皂化妝品廠（即後來的日用化學廠），在香料車間負責調配香料的技術工作並擔任廠工會生產委員。

一九五七年，上級有關部門計劃讓製香業停產。通過父親的申述，衛生香車間得以保留（後這個製香車間脫離化工廠，成為一個單獨的企業），其他以佛香為主的產品則一律停產。

從一九五三年開始到一九五六年的公私合營，直到一九六六年父親離開製香廠，他從沒有中斷薰香香料的調配工作。製香廠出品的各種香品，追根溯源都是來自當年妙香閣的配方。客觀地講，這是一個沒有妙香閣名義的妙香閣時代。製香廠及其上級主管機關先後給予父親很多獎勵：一九五八年獲特級獎金及獎狀，並安排去北戴河療養；一九六一年獲季度特級獎金等榮譽，並擔任製香廠技術室副主任一職，直到一九六六年去職。至今我還記得父親一九五八年獲得的那張獎狀的樣子，有《人民日報》近四分之一大小，紙質較厚；圖案中間有毛澤東的側面頭像，頭像兩

3 照片所示，父親耄耋之年還在寫作。攝於 1983 年。照片背景是當年妙香閣的營業室。

側各有三面紅色的旗幟。

離開工作崗位以後，父親對中國的薰香史重新進行了梳理，把自己多年研究的香品配方作為《香乘》❶續篇集結成冊，並寫出《香乘》序一篇；又將香品配方、歷次試驗數據整理成文，分送有關領導和業內同行。他還把自己總結的調配香料的口訣，也毫不保留地一同傳授給他們：「先找組分後配套，末後定香最重要。常聞細品練嗅覺，耐人尋味巧妙鮮。」

二十世紀八十年代，父親把自己多年的薰香配方無償地送給了一家香精香料廠。老人家對自己的做法看得很開：「我要把自己知道的東西留給後來人，不能帶走。」

一九八五年，父親病逝於家中，終年八十四歲。家人把他安葬在盧溝橋回民公墓。

他把芬芳留給了熱愛生活的人們……

註釋

❶《香乘》共二十八卷，記載各種香藥名品、香療方法，集中國自明代以前香文化之人成。

父親張我軍的早年經歷

張光正

我的父親張我軍是一個台灣人，他在大陸度過了近半生，還有我這樣一個在大陸生活了一輩子的兒子。

父親是一個窮苦家庭的孩子，從日本公學校（一八九五年至一九四五年台灣被日本佔據）畢業後到製鞋店當學徒。在製鞋店裡他遇到了昔日板橋國小的老師林木土，介紹他到一家銀行當小工。雖然開始只是一些倒茶跑腿之類的工作，但是因為他勤快認真，自學珠算寫字，後來忙時行員便開始請他幫忙，由於他做得又快又好，一年多後就升為僱員。一九二一年，他被發派到廈門剛成立的分行裡當職員，閒暇時他向一位老秀才學習漢文。廈門當時文風頗盛，有許多文藝性的社團，老秀才也是一個文社的成員，每十天就聚會一次。老秀才見我父親字跡清秀，便請他擔任記錄的工作。在耳濡目染之下，父親對祖國文化產生相當大的崇仰之情。此時正值五四運動高潮的時候，父親受到了很大的影響，因此他便下定決心到北京讀書。一九二二年至一九二三年那段時間，台灣遭逢了經濟不景氣，廈門分行也受到了影響，不得不倒閉，父親拿到了幾百塊錢的遣散費，於一九二四年初來到了北京。

深冬的北京寒風刺骨，遍地白雪，屋簷枝丫上垂著厚厚的冰掛，這種景色，是父親這個南國來的青年從沒見過的。這時候他不過是一個二十二歲的青年，離鄉背井隻身赴京，投靠了在廈門認識的台灣鄉親張鍾鈴。當時台灣人來京多半住在福建省所屬的各府、州、縣所開設的會館，只需付很少的租金，就可以在備有簡單傢俱的房裡暫住。父親住進了宣武門外的福建泉郡會館，除了適應北京的生活、學說北京話，他也結識了不少在北京的台灣文人。

1 少年時代的張我軍。約攝於 1915 年。

2 童年時代的作者

這次父親只在北京待了不到一年的時間，但是他在這一年裡做了許多事情。首先他把祖國的新文學介紹到台灣島內，並登載在台灣的《台灣民報》上；同時他給《台灣民報》投了《致台灣青年的一封信》《糟糕的台灣文學界》兩篇文章。這兩篇文章對台灣舊文壇進行了抨擊，可以說是拋給暮氣沉沉的舊文壇的兩枚炸彈，被學者認為是推動台灣新文學運動非常重要的文獻。此外，父親後來出版的台灣第一本新體詩詩集《亂都之戀》中的三—三首詩，也是在這段時間寫就的。這本詩集不僅對推動台灣新文學有著重要的歷史性的意義，也記錄了父親與母親結合的一場轟轟烈烈的自由戀愛。

我的母親是湖北人，從小跟著外祖父從湖北到了北京。後來外祖父英年早逝，外祖母投靠兄弟，在叔公的照應下撫養母親長大。母親後來聽說管事的四叔公有意把她草草嫁給一個年紀大又吸食鴉片的紈絝子弟，為了盡快畢業可以當個教員養家，獲得獨立的經濟能力，便到師範學院的升學補習班學習，正好我父親也在那裡上課。有一天我母親在整理衣物的時候，從她的衣服裡頭掉出一封信，信上也沒寫什麼東西，只是一首詩。這首詩叫《沉寂》，這個《沉寂》就是《亂都之戀》的第一首詩。詩是這樣寫的：

……
一個T島❶的青年，
在戀他的故鄉！
在想他的愛人。

他的故鄉在千里之外，
……
他的愛人又不知道在哪裡，
他常在寂寞無聊之時，
詛咒那司愛的神！

她看著這首詩覺得莫名其妙，因為這首詩一方面懷念故鄉，一方面是想自己的愛人，但是這個愛人在哪呢？似乎他自己也還沒有頭緒。我母親看了這詩以後，就找了一個常照應她的大姊請教，這個大姊讀了後便說這個青年會作詩，應該是很不錯的，我來幫你打聽一下。後來她打聽到了，寫這首詩的是一個叫做張我軍的青年，也就是我的父親。二十世紀二十年代那時候，男女間還不能自由戀愛，不能夠私下來往，所以他們的來往是偷偷摸摸進行的，我母親以借雜誌為名，由這位大姊陪她去。

後來，父親帶來的遣散費用盡，迫不得已離京返台就任《台灣民報》的編輯謀生，他們就分開了。他給母親的信件都被四叔公扣押，母親得不到父親的消息，內心十分焦急，加上此時又有人上門提親，四叔公便擅作主張，定下了這門婚事。父親的好友洪炎秋見情勢緊急，拍了一封電報給父親，父親收到電報之後立即趕赴北京，與母親相約私奔南下。當時，母親只穿著一身的學生服，什麼東西也沒帶，就和父親一路奔逃到廈門。三舅公和外祖母收到母親的信後，便寄來錢

3 （上）1924年10月張我軍寫下的《亂都之戀》，終因1925年與羅心結婚而圓滿結束。圖為婚後攝於板橋林家花園。

4 （下）1927年春，張我軍（中坐者）與在北京的台灣同鄉洪炎秋（右坐者）、吳敦禮（左立者）合影。

與衣服，要他們立即正式結婚。於是父母親便從廈門到了台北，那時候是一九二五年。他們在台北的江山樓請了兩桌客人並舉行結婚典禮，主婚人是《台灣民報》的負責人林獻堂。在台北結婚前，他們在廈門就領了國民政府的結婚證，從這個事情上可以看出我父親的用心，就是他以為他仍然是一個中國人，雖然他們是在被日本佔領下的台灣結的婚，但是他們仍是中國人，因此他們的婚姻也要獲得國民政府的承認。

結婚後沒有多久我母親就懷了我，但是因為母親不是台灣人，外祖母也還在北京，她就想回北京生產，畢竟她對台灣水土並不是很適應。所以在一九二六年父親徵得台灣民報社的同意，以駐北京記者的身份離開家鄉，回到了北京。一到了北京母親就生下了我。

註釋

❶ T島，即台灣島。

先父的兩張老照片

祝偉坡

先父唯一的也是最珍貴的遺物，就是這兩張老照片。圖1是單人全身立相，穿著中式深色短褂長袍、黑鞋白襪；圖2是雙人半身相，父親坐著，穿著淺色西裝，旁邊站立者是其表弟。兩張照片，父親穿著不同，相貌神態是一樣的：留著背頭，兩目平視前方，安詳自然，似有微笑，顯出辦妥一樁要事之後的輕鬆神情。

圖1下邊，清楚標明「貞記，北平護國寺西口，電西二三八一」，左下角有一方印章，上篆「萼樓」兩字。圖2沒有註明拍攝地點。母親說，這兩張照片，都是事變（七七事變）前同一個時候，在北京（平）照的。同時拍的兩張照片，著裝卻完全不同，一張是典型的中式服裝，另一張是標準的西服洋裝，鮮明的對比，反映了當時中國社會的某種狀貌。

面對老照片，我多次凝視沉思。父親的照片雖是清晰的，但父親的形象和往事，在我腦海中卻是比較模糊的。父親中年病逝，當時我還不滿五週歲。在我的記憶中，只有三件小事還有印象。一是有一天晚上，我從父親身邊拿到一個手電筒玩，一鼓搗亮了，又一鼓搗滅了，反覆一亮一滅，覺得挺好玩的；二是一九三九年春節，過大年，父親教我放鞭炮，把鞭炮放在屋門口門墩

1 （左）父親的單人全身立像

2 （右）父親和他的表弟雙人半身像

上，用一根燃著的香去點炮，不知怎麼回事，炮響了，卻突然崩到炕上，把被子燒煳了一塊；第三件事是這年夏天，父親抱著我玩，把我放在影壁牆前面一個高檯子上，父親比我還高一頭，覺得他挺高大的。

依據母親和本家族長輩對父親的回憶，雖然只是點滴的生活側面，仍可從中管窺父親的出身、經歷、文化修養和為人處世的概況。

父親的名字是祝宜棣，字蕚樓，一九〇六年九月二十二日（清光緒三十二年八月初五日）生於直隸（今河北省）魏縣秦莊村。家庭是書香門第。祖父祝樹聲，字振家，小時候在私塾讀四書五經。一九〇五年廢科舉，改為學堂教育。祖父是大名府最早一期新式學堂的畢業生。祖父的堂弟祝樹滋是我的啟蒙老師，他不止一次對我說，你爺爺從大名府新學堂畢業，相當於中舉，坐轎回來，還沒進村，早有人來報喜，在村頭點鞭放炮，迎接慶祝，非常熱鬧。我親眼看見過祖父在新學堂寫的幾個作業本，畫的三角幾何圖、寫的算式題和文字說明，非常整潔漂亮，無一塗改處。祖父是當時本村同齡人中學歷最高的文化人。我的高祖、曾祖有什麼功名，不清楚，推測也應是有較高文化知識的，不然，在當時的社會歷史條件下，不可能把祖父培養成相當於舉人的新學堂畢業生。再則，那時兒女結婚，很講究門當戶對，我祖母是晚清聶姓進士的長女，他們不可能把女兒嫁到一個沒有文化教養背景的家庭。

說到父親的外公進士，還有個有趣的故事。他在北京參加殿試，做完文章複查時，發現不慎將考卷揭了雙頁，即文章中間有兩頁空白紙，出這樣的差錯，肯定會落榜的。他文思敏捷，把兩頁空白紙補寫上文字，而且與上下文銜接得天衣無縫，結果，居然考中了進士。這一美談，從祖輩一直流傳到我這一代。父親有三個舅，都有相當高的文化修養。大舅曾是民初的河北省議員，二舅是馮國璋任副總統時的國會議員，三舅留學法國。

父親小時候也是上私塾，讀經習字，後來也到大名上新學堂。當時家境富裕，但舊中國農村缺醫少藥，祖父不幸中年病故，父親輟學回家，主持家務。父親是長子，有一個弟弟和兩個妹妹，年齡都較小，操持家務的擔子，就落在了他的肩上。

父親的第一任妻子，生下大姐後不久就病逝了。我的生母是續絃，先後生下二姐、我和弟弟。母親多次唸叨父親的一些往事，給我印象最深的有三個方面。

一是父親很孝順。祖父中年早逝後，祖母多年有病，常年臥床不起。父親請醫看病，煎湯熬藥，盡心盡力，照顧護理，無微不至。如果有事外出或從其外公家回來，必先到堂屋看望祖母，噓寒問暖，然後才回自己房間。由於父親帶領全家人精心照料，祖母多年的病痊癒了，活到九十歲高齡。

二是父親脾氣好。母親多次對我說，你父親好脾氣，我們結婚後，沒有對我發過脾氣，沒有吵過嘴，也沒見他對別人發過脾氣。當時家境殷實，街坊鄰居有困難來求助，父親不但和顏相待，而且在財物上，多少都要給予一定的資助。父親好脾氣，並不是沒脾氣。我二姑——父親的小妹——曾向我講過一個早年故事。二姑新婚之後和新郎一起回娘家，娘家人為新郎準備好了豐盛宴席，可這位新郎年輕氣盛，不懂規矩禮節，不知何故竟不辭而別。父親對此非常不滿。

二姑說，就因為這件事，父親一直沒去過她家。可見，父親對於不顧禮節、沒有信義、不講道理的人，是很反感很有脾氣的，採取的態度就是三個字：不理睬。

三是父親能寫一筆好字。每年一進臘月，父親就開始寫春聯，本家族和街坊鄰居，許多人都請父親為他們寫。父親先寫別人的，最後寫自家的，往往一直寫到大年三十。我們住的東屋，多年來都張貼這樣一副春聯，想來可能也是父親寫的：「多讀孔孟書有仁有義，少飲杜康酒無事無非。」橫批是「讀耕傳家」。這副對聯對我有潛移默化的影響，後來等我能寫毛筆字了，到春節，也寫這副對聯貼在門上。

母親說我父親還能寫梅花篆字，可惜我沒見到他的篆字手跡。我親眼見過父親的幾本書法：淺黃色竹漿紙，米字形紅方格，大字楷書，端莊而又舒展，遒勁而又俊逸，瀟灑而有活力。我看父親的楷書，比現在一般書家並不遜色。父親的二舅曾說，大外甥餓不著，即便將來家窮了，到北京賣字，也能掙錢過日子。這也說明，父親的書法已達到相當高的水平。

二十世紀三十年代初期，父親為留學法國的三舅匯款赴北平。辦完匯款手續後，拍了這兩張照片留念。圖2中的站立者，是父親二舅的長子、北平輔仁大學的學生，大名記不準了，小名叫秋寶，一九四九年前後我見過他，稱他為秋寶叔。

父親鄧廣銘執教復旦大學的日子

鄧可蘊

因為日本侵佔了香港，爸爸的薪水無法從後方兌匯到北平，我們在北平完全沒有了經濟來源。媽媽只好帶著姐姐和我，在一九四三年元月離開北平，輾轉經過河北、山東、江蘇、河南、陝西、四川等六個省，途中走了近半年，終於在一九四三年六月二日到了重慶，見到了爸爸。

這時，我的爸爸鄧廣銘（字恭三）剛剛（從在宜賓李莊的西南聯大）轉到重慶北碚夏壩的復旦大學史地系（系主任周谷城）教書，沒有可能再讓家眷也去。我和媽媽只得在重慶的南岸楊家山（村）租住一間農舍。這農舍是用四面房屋的牆為牆、上面搭一個頂而成，亮光由屋頂上三片玻璃瓦透入，進出則需經由側面鄰居家的堂屋。我在楊家山讀了小學三年級上學期。在爸爸第三次從夏壩回來時，過了春節，我們就離開楊家山，搬到北碚了。媽媽在北碚天生橋小學教書。

一九四四年四月，我第一次去復旦大學，那是個陽光明媚的星期日。我和爸媽三人從北碚坐小木船過嘉陵江，到對岸夏壩的碼頭下船。沿石階而上，迎面就是復旦大學的校門。

進了校門，滿眼都是盛開的鮮花和草坪，在陽光下甚是溫馨可人。中間大花壇的後面，是二層樓房登輝堂和禮堂、教室、行政辦公區；花壇左右是花圃綠地、籃球場；再往右是相伯圖書

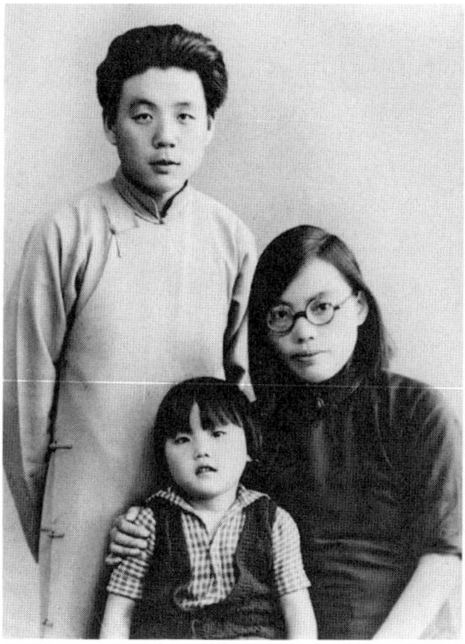 

1 （左）1935年爸爸、媽媽和姐姐合影。當時爸爸讀北大史學系三年級。

2 （右）嘉陵江東岸的台階直達復旦大學大門

館，往左是大操場。每條路的兩側都是綠籬，或是紅、黃、白、藍各色花草。爸爸說，復旦的校園這麼漂亮，得歸功於復旦農學院，校園是他們設計、佈置和管理的。

爸爸的住處，是復旦大學的教師單身宿舍「南軒」。兩棟平房中間，有一片修剪整齊的花園，每棟內有二十間小屋，爸爸住在靠西側這棟，進門右拐右手第一間，大概九平方米，窗戶正對著花園。花園裡幾行桉樹已挺拔成蔭，晚香玉、大麗花和其他草花鮮艷喜人。爸說，在食堂吃罷晚飯，教師們就在小園子裡或去嘉陵江邊的梧桐大道散步，到了傍黑又各進自己的「蝸居」看書、備課。著名學者曲仲湘、陳子展、夏開儒等那時都住在南軒。更多帶家眷的教授住在教授新村裡。

後來我才知道，登輝堂為是紀念一九一三年至一九三六年任復旦校長長達二十三年的李登輝先生而建。相伯圖書館是為紀念一九〇五年創建復旦大學的首任校長馬相伯先生而建，爸住的南軒，則是取自前任校長吳南軒先生（一九三六年至一九四三年二月任復旦校長）的名字，當時的校長章益先生（一九四三年二月至一九五〇年任復旦校長）希望後人記住他。

爸爸在復旦大學的史地系教中國通史和幾門專業課。一九四四年春夏之交的一個星期天，我和媽媽過江去看爸爸，他那斗室裡已站了四個男學生，是來向爸爸辭行的。學生們離去後，爸爸說：「這幾個學生都不是史地系的，但學習都不錯，而且他們的英文水平也不錯，現在要去雲南投孫立人的青年遠征軍打日本鬼子。學校承諾為他們保留學籍，今天來辭行，還說等打完日本鬼子，回到學校要接著把我的中國通史修完。」一九四五年日本投降後的那年深秋，我和爸爸在校

3 圖為復旦小學的同學們。攝於 1946 年早春。

園內竟遇見那四個學生中的一位，得知他們四人回來了兩人繼續上大學，另外兩位下落不明。

一九四五年夏天，我在北碚師範第一附小已考上高小。不久，媽媽在復旦小學謀得了一個小學教師的職位，還有一間房可住。於是大人們忙著整理什物準備搬家去夏壩（復旦）住。一天，爸爸對我說：「你是閒人，給你兩塊錢過江，把我的工資取回來。這次工資可不是副教授而是教授了，漲錢了。」事後我才知道，爸爸在復旦教書兩年，不單講課效果好，而且還組織高水平的學術交流活動，非常受歡迎，外系學生也慕名紛紛選修中國通史，聽課的人越來越多，以至於他的授課教室從普通教室挪到一個大教室還不行，最後只能挪到大禮堂上課了。加之他這兩三年又相繼出版了兩部專著《陳龍川傳》和《岳飛傳》，所以學校決定提升他為教授，時年三十八歲。

這次給爸爸取工資的過程，讓我至今不忘。我拿著兩塊錢從北碚中山路向碼頭走去，在街上遇到兩位退伍傷兵，拄著雙拐，伸著黝黑的髒手請求幫助，並說他們的軍長是張自忠，已為國捐軀了，他們受傷從湖北流落到此。我猛然想起清明節時，班主任王老師帶我們去天生橋的梅花山，給抗日英雄張自忠上將掃墓、鞠躬……我流著眼淚就給了他們一塊五毛錢（留下五角買船票過江，返回時我可以從爸爸的工資中拿錢買船票）。但是我沒料到，當我下了船，爬完那一百多級台階，進到登輝堂找到財務科時，他們早就下班鎖門了！要等兩個小時才上班。這時我又渴又餓又沒一分錢。情急中，我突然想起上次在南軒食堂認識的邱伯伯，他在總務處負責管理學校食堂，我在南軒食堂果然找到他了，說明了原委，他誇獎我做得好，說邱伯請你吃午飯，當即給我買了一個「加菜」——我從未吃過的鹹燒白，很好吃。下午，取了爸爸的工資，回到家，爸媽只是相對大笑。是不是他們覺得，我這不滿十週歲的孩子開始能辨點事了？

一九四五年夏天，家搬到夏壩，在南開中學的姐姐放暑假也回來了。一天下午，我正在復旦小學的操場上玩，忽然聽到北碚那邊傳來很大的大喇叭聲音：「同胞們，日本鬼子無條件投降了！」聽到第三遍我才緩過神來，跑回家告訴媽媽，她和姐姐也跑出來聽，媽媽激動地抱住我們倆，邊流淚邊說：日本投降了！咱們勝利了！這天是一九四五年八月十五日。霎時間嘉陵江兩邊，到處都響起鑼鼓聲、嗩吶聲，大學生們湧到校園，歡欣雀躍。

爸爸也從暑假「打工」的北碚國立編譯館回來了，第二天領著姐姐和我，參加了復旦大學在大操場舉行的歡慶抗日勝利大會。操場上擺的長條凳根本不夠坐，更多的人站在四周，人們爭著上台講話、唱歌、唱京戲、朗誦詩歌，沒有樂隊沒有胡琴，可台上台下情緒高昂熱烈。章益校長講完話走到人群後邊，站在爸爸身旁說：「恭三，你是北方人，上去唱段京戲吧！」爸爸笑說：「乃翁不行，孩子行。」於是姐姐和我高高興興地上台各唱了一段京劇。

沒過幾天，北碚的文化界在兒童文化館禮堂舉辦「歡慶抗戰勝利文藝演出」，爸爸帶我去了。當時在國立編譯館工作的老舍、梁實秋兩位大家，身穿灰綢長衫，也上台表演了自編的相聲，北碚師範的學生合唱團演唱抗日歌曲，還有京戲《黃鶴樓》《斬經堂》等，非常熱烈，滿園喜興，人人都浸潤在「日本鬼子無條件投降了」「抗日勝利了」的無限快慰之中。

我在復旦小學讀五年級。當時教語文的顧老師是班主任，其他各科的老師大都由復旦的大學生們擔任。教歷史的徐淑蘊老師是中文系的，教音樂的老師是西語系的。生物系的助教李瑛老師教自然課，她帶我們在大學校園裡辨識各種農作物、花、草及其習性，帶我們去夏壩後面的農村，識別野草並做標本，非常有趣。我們在學校都熱心學習，關心時事。

復旦大學青年館在我們小學的南側，只隔一條窄路。我常常倚在青年館大廳裡的牆角，看大學生們在這裡排練合唱、話劇和京劇。待他們在大禮堂正式演出時，爸媽就叫我早早去排隊買前排的票。我看過他們演的洪深先生編劇的《寄生草》，徐淑蘊老師在裡面演女主角，媽媽的遠房表弟、新聞系學生李炳泉演男主角；他們排演曹禺的《雷雨》，我們的音樂老師在劇中演四鳳呢。大學生們排的京戲也很精彩，《四郎探母》《打漁殺家》《追韓信》《生死恨》等，行頭、樂隊一應俱全，尤其有一位女大學生索景章，她在《雷雨》裡扮演蘩漪，又在京劇《二進宮》裡以女老生演楊波，演得都十分出色，是校園名角。

到了一九四六年早春，爸爸和史地系的學生們去北溫泉春遊，也帶我去了。大家從復旦農學院的花圃走到東洋鎮，過江到嘉陵江西岸，上了公路沿嘉陵江往上遊走，很快就到北溫泉了。這裡本是縉雲寺下院，上院在山頂，已有一千五百多年歷史，但幾經戰亂已近破敗。抗戰前由當地實業家、民生航運公司 ❶ 老總盧作孚修彌大殿，增加了園林和浴室浴池等，建成北溫泉公園。從北溫泉向西徑直走小路爬山，最後到了縉雲山山頂的縉雲寺。在寺內喝著住持送上的清香四溢的綠茶，看著外面盛開的白玉蘭，讓我覺得彷彿到了仙境一般。

從縉雲山下來，沿江邊公路繼續朝西北走，沒多久就到了澄江鎮山坳裡的榮軍院。這些傷殘軍人都是從抗日前線受傷下來的。榮軍院分若干組，分別從事編草鞋草帽、裝訂本冊、打製粗細麻繩、製作木竹傢俱等工作，他們盡量自食其力，以減少政府負擔。

日寇投降後，國民政府教育部任命胡適為北大校長，在其未回國前由傅斯年任代理校長。一九四六年四月傅先生約我爸去重慶，並告知：「北大決定請你回史學系教課，同時幫助我辦理校長室的一些事務。你我五月初要回到北平。」因此，在爸爸離開夏壩復旦大學之前，他和媽媽又帶著我從縉雲山南坡爬山去了一次縉雲寺，並且在北溫泉住了一天。我明白，爸爸媽媽是在向北碚和夏壩告別了。當時爸媽非常欣賞、稱讚縉雲寺裡的一副對聯，囑咐我抄下來保存好。

那副對聯是：「你可知此身不能久在何必急急忙忙幹些歹事；我卻曉前生早已注定只有清清白白做個好人。」

註釋

❶ 民生輪船公司，為民生集團的前身。

我的父親蘇靜將軍

蘇曉林

我的父親蘇靜是參加過長征的老紅軍。我小時候，他從不給我們講過去的革命故事，更不提他有過什麼功勞。父親去世的前一年，在一次採訪中，他說戰爭年代自己最大的貢獻就是遼瀋戰役攻打錦州時向林彪建議採取坑道近迫作業攻城的戰術，被林彪採納。

其實，戰爭年代，父親的貢獻遠不止這麼一個建議！聶榮臻元帥在他的回憶錄中寫道：「紅軍過草地，蘇靜同志在前邊開路是有功的。」當時，紅一軍團走在最前面，父親任紅一軍團偵察科參謀，確實是在為整個長征的紅軍開路。突破臘子口後，毛主席親自到一軍團指揮部隊北進，父親每天早晨都要帶上行軍路線圖向毛主席報告當天的行軍路線。總參測繪局的同志看到聶帥的回憶錄，打算寫一篇題為《長征路上的開路人》的文章，希望父親提供材料，父親認為不妥，文章沒有寫成。整個長征途中，父親繪製了數百張行軍路線圖，僅存的幾張，至今仍珍藏在中國歷史博物館。

父親雖然謹慎、寡言，卻非常機警、聰明。一九三五年深秋，紅軍初到陝北，為圖向北發展，父親隨林彪、左權到瓦窯堡以北地區勘察，在大沙漠中迷了路。左權問父親該怎麼辦，情急之下，父親想到「老馬識途」的成語，便下了馬，放開韁繩，果然，識途的老馬真的把他們帶上了歸途。

一九三八年一百一十五師進軍晉西的孝義地區，當時父親在一百一十五師任偵察科長，國民黨軍派了一名聯絡參謀及其隨行人員前來做聯絡工作，而實際上是進行偵察、策反的特務活動。父親負責與之聯絡並接待他。在接觸過程中，由於父親對他始終保持高度警惕，所以及時通過觀察他們的行動和師機要科譯電員的表現，發現了他們通過金錢引誘，收買了那個譯電員並騙取了密碼本的嚴重問題。父親果斷、巧妙地收回了密碼本，不動聲色地處理了變節分子。隨後，父親決定通過在與其密切接觸的過程中悄悄獲取他們的密碼線索。每當父親裝作無意地「透露」一些部隊「情況」後，那個聯絡參謀便如獲至寶，當天晚上就用電台把情報發回去，而父親卻在一旁裝睡，在被子裡偷偷將其發出的電碼記錄在本子上。經過大量「情況」內容與電碼校對，我軍有效地破譯了國民黨軍的密碼。

東北解放戰爭初期，敵我力量懸殊。我軍裝備奇缺，部隊分散，通訊不暢，沒有後方及群眾支持。父親當時任東北民主聯軍「前總」情報處長。一百多人的情報處在父親的精心組織領導下，工作卓有成效，掌握了大量敵軍情報，為「前總」指揮作戰提供了有力的保障。

一九四六年二月十一日，敵八十九師二二六團和二六五團一營及師屬山炮連、運輸連孤軍深入至秀水河子，遠離其主力達三天以上路程。父親仔細核實了這一情報，立即報告林彪，林彪當機立斷，就近調集了七個團的兵力將其一舉殲滅。這是我軍進入東北後，對國民黨軍取得的首次重大勝利。此後，四月十五日，情報處又以準確的情報保障了大窪戰鬥的勝利，殲敵八十七師四千四百餘人。林彪對其秘書季宗權說過：「一個蘇靜等於十萬兵。」有可靠的情報作後盾，林彪經常通過電台直接指揮到師、團一級。

以上這些，父親都是有功勞的，為什麼他一概不提，卻把一個建議看得如此重要呢？父親去世後，我開始注意閱讀一些有關解放戰爭東北戰場的書。一九四八年遼瀋戰役的關鍵是攻打錦州，而當林彪得知敵增兵葫蘆島，對攻錦構成威脅時，一度信心不足。林彪的擔心不是沒有道理：錦州與錦西相距只有四十公里，我軍只能依據其間無險可守的塔山阻敵。塔山陣地實為坡地，正面寬達十公里，南面大小東山和影壁山均被敵軍佔領；東臨渤海灣，易遭敵艦炮火攻擊。當時敵錦西方面出動十個師增援錦州，蔣介石率軍艦親自指揮，加上敵機轟炸，是自解放戰爭以來第一次真正的海陸空大戰。林彪派了兩個縱隊、兩個獨立師、一個炮兵旅死守塔山，還不放心，又把一縱放在塔山與錦州之間做預備隊，派父親去塔山的四縱督戰。戰後，四縱的同志戲稱父親「監軍」。聽父親說，我軍奔襲錦州，燃料只夠單程使用，如果被迫撤離，我軍積蓄兩年的重裝備——重炮、坦克和裝甲車——就都要扔在錦州了。

坑道近迫作業是二縱五師參謀長汪洋在攻打義縣時提出來的。父親與炮兵司令朱瑞親自前往義縣前沿，發現了這一攻城方法，與父親走在一起的朱瑞不幸觸雷犧牲。十月五日，父親在義縣以北的公路上見到林彪、羅榮桓，馬上作了匯報。十月七日，父親又到林彪住處，再次詳細匯報了坑道近迫作業攻城的具體經驗。林彪極為重視，立即給攻城各縱、師發電，要求每師用三分之二的兵力搶挖五條寬高各一點五米的交通溝至敵陣地五六十米處。部隊藉此大大減少了傷亡。敵守軍司令范漢傑被俘後，十分感慨地說，一見到這麼多交通溝，就感到守城無望了。

進入東北後，父親就在四野司令部工作。六十年代初，羅榮桓元帥委託父親組織一個班子編寫四野戰史，父親為此付出了很大心血。九十年代，陳雲提議父親擔任了四野戰史領導小組副組長。一九九七年，因對四野戰史的編寫持不同意見，父親辭去領導小組副組長的職務，住進解放軍三〇九醫院，此時癌腫已遍佈父親的胃、肝、肺和腹腔。一個多月後，父親病逝於三〇九醫院，終年八十七歲。

北平和平解放前，父親隻身潛入北平，代表我軍與傅作義的代表鄧寶珊共同起草簽訂了和平解放北平的協議書。父親到北京工作後，我們家一直住在一個很舊的四合院裡，窗戶還是紙糊的，一半的房子沒有暖氣，一到冬天，我們就要擠到父母有暖氣的三間北房裡。整個院子住了近十戶人家，夜裡院門也經常不關。父親成為國務院業務組成員後，計委的同志看到父親的住房條件，覺得說不過去，就以安全為由，提出要給父親另找一套四合院。可父親堅決不同意。父親的汽車是一輛舊吉姆車，時速一超過八十公里，水箱就開鍋，一次去天津，不得不一再因此而停下來。

母親是一九三八年參加革命的，一九三九年任縣委婦女部長，同年轉入八路軍一百一十五師政治部任幹事。一九五五年軍隊授銜前，要求女同志一律復員，當時母親正患肝炎和早期肝硬化，此後就成了名副其實的家庭婦女，幾十年沒有拿過一分錢的工資。母親一直對父親有意見，當初是父親一再動員母親復員的。父親每月工資三百二十五元，這在當時可謂高薪，但因要養十口人，日子過得依然緊張，記得那時經常每月提前十天就要預支工資。我們兄妹幾個平時很少吃到水果、糕點，衣服是老大老二輪著穿，總是補丁摞補丁，鞋子也是母親一針一線親手縫出來的。

一九四九年傅作義送給父親一套毛衣毛褲，他一直穿到一九六四年，因為是機織的，不能重織，母親將破洞補好讓我穿，我又一直穿到一九七五年。當年傅作義送的一塊手錶，母親一直戴到一九七二年。

父親對生活上的要求很低，除了抽煙的開支必須保證外，其他方面都很簡單。對身邊的工作人員，父親從來不提什麼要求，做錯也不批評。有一次，父親去中南海開會，打開車門，又想起還有一件東西未拿，關上車門轉身回去，司機張懷德是一位解放戰爭負傷下來轉成職工的老排長，每次他都是在聽到父親關門的聲音後就開車，這次他還和以往一樣以為父親上了車，開著空車就走了。父親出門一看車沒了，很著急，警衛幹部趕緊攔了一輛出租車。到了中南海，出租車進不去，父親只好步行走了很遠的路才趕上了開會。這事是張師傅自己說的，直到父親去世我們也從沒聽他提起過。

在紅軍幹部中，父親的文化水平算是比較高的。他上過師範，曾因學生運動被警方追捕逃到緬甸，在當地教書收入頗豐，學會了照相。九一八事變，父親回國參加了紅軍，因為父親會照相，所以繳獲了照相機後，就讓父親使用。他拍攝的朱德軍長在機槍訓練班上講話的照片保存在中國歷史博物館和軍事博物館內，是紅軍時期拍攝的第一張照片。解放後，羅榮桓出國訪問帶回一件禮品——萊卡牌照相機，❶還帶有一個長焦鏡頭。羅榮桓把它轉送給了父親。然而，父親拍攝過朱德的照片卻沒有同朱德的合影，長征時常和毛主席在一起卻沒有與毛主席的合影，以後也同樣沒有留下與周總理、李先念、羅榮桓、林彪的合影，最可惜的是沒有留下與傅作義的合影。

註釋

❶ Leica，通稱「徠卡」，為德國著名的相機品牌。

硬漢父親

王玉春

父親一生受盡貧窮和苦難，可謂命運多舛。

我家祖籍山東，父親出生在一九一〇年。他在世時常和我講，人生的三大不幸他都攤上了：一是幼年喪父，二是中年喪妻，三是老年喪子。由於勞累，在我父親八歲的時候，爺爺就去世了，扔下奶奶和父親無依無靠。在山東實在活不下去了，奶奶只好帶著父親，隨著逃荒大軍一路討飯來到東北。一路上，他們風餐露宿，歷盡千辛萬苦，徒步數月，有時一天也吃不到一口飯，遇到好心的人家，看他們娘倆可憐，給點飯吃，安排住一宿，有時睡在人家的院子裡。最後，娘倆在吉林省長嶺縣的一個小村子裡定居下來，奶奶給一戶王姓地主家做傭人，父親給他家放豬、放羊，勉強維持生活。

我出生於一九四五年。在我三歲的時候，我的奶奶和母親先後去世。先後失去兩位至親至愛，給父親的打擊是巨大的，但是父親沒有被悲傷和貧困壓倒，憑著自己學到的一點木工手藝，起早貪黑地幹活。當時父親學的是比較粗的匠活，就是蓋房子，做馬車、牛爬犁、壽材等活計。父親憑著自己硬朗的身體維持著一家人的生活，把我們兄弟姐妹六人養大，後來二哥和三姐還上了大學。

處理完奶奶及母親的喪事，父親帶了工具到長春打工，可是當時掙錢的活也不好找，到長春一個多月了也沒掙到多少錢。這時在鄉下的大哥正為來年的種子沒錢買發愁，他覺得父親去長春一個多月了，可能有點收入，就隻身來到長春，找到父親說明來意。父親知道後說：「咱倆去火車站看看能不能找點活。」真是「天不滅曹」！車站裡正好有幾車廂的煤找人卸，條件是卸一車煤六十元（一元一噸），必須在第二天上午十點前卸完。於是父子倆就包了一節車廂，簡單地啃了幾個饅頭，父子倆就開始卸煤。一晝夜父子倆也不知累到什麼程度，身上只穿了條短褲，流下的汗都是黑色的，在第二天十點鐘前硬是把這六十噸煤卸完了。這六十元錢總算解決了買種子的問題。

1 父親在北京拍攝的單人照

一九五二年初，父親和十幾個師兄弟到長春打工，正趕上長春市重工業某建築公司（今吉林省建一公司前身）招工，條件是考核手藝和檢查身體，他們十幾個人，只有父親被錄用。其他人都說父親命好，其實是考核的人看中了父親硬朗的身板。這之後，父親就成了一名正式工人。

一九五三年，父親因技術和身體條件都比較出眾，被公司派往北京，參加人民大會堂等十大工程的建設。圖1這張照片就是完成任務後，父親返回長春前在北京照的。這是我們家保留時間最長的照片，至今已經六十五年了。

父親的一生為了我們這個家，為了六個未成年的兒女操盡了心。特別是一九六〇年，大姐得了肺結核病，大口大口地吐血，體重由原來的一百二十斤降到七十斤，眼看著不行了，長春的一家大醫院下了病危通知書：此人活不到三個月。救女心切的父親被逼得走投無路，不得不求助於單位。單位領導到我家看到這種情況，給開了一張介紹信，讓大姐以父親單位職工的身份住院。又經長春市衛生局幫忙，把大姐轉送到蛟河縣結核病醫院住院治療，費用從父親每月工資中扣除，後來每月工資中都有扣款條。去蛟河醫院的途中也不是很順利，父親生前常和我講，他是如何艱難地把大姐送到醫院的。當時由於看病心急，火車到蛟河車站後父女倆忙著下車，可一打聽，從車站到醫院足有十里路。當地又沒有公共汽車，而且天已擦黑了，沒有別的辦法，只好順著鐵路走吧。兩人走了一里路，大姐就實在走不動了，父親便背著大姐走。可背著走了一段路又不行了，大姐說壓得她胸口疼。怎麼辦呢？父親只好讓她騎在自己的脖子上，馱著她走。父女倆就這樣走走停停，一直走到深夜才趕到醫院。醫院的人說：「你們怎麼才來？再晚一點，床位就

2 父親生前最後的留影

沒了，只好住走廊了。」不管怎樣，大姐總算有救了，再苦再累父親都感到很值得。就這樣，大姐在醫院治療幾個月後，病情有所好轉。後來因為花錢太多，父親單位催得緊，大姐只好出院。後來大姐找到了工作，結婚生子。但因為病情反覆發作，在後來的十多年裡又多次住院，最終在一九七八年十月病故於蛟河縣結核病醫院。大姐走在了父親的前頭，年僅四十歲。大姐的去世，給父親的打擊很大。

父親一生無私，樂於助人，鄰居家的老人病了，他會抽空去照看，餵食餵藥。記得一位蘇姓老漢，臨終前三天都是父親照料的。父親一生對名利看得很淡，單位給他發的幾張獎狀都讓我包書皮用了，他也不在乎。他幹了一輩子木匠活，但在我們家中卻沒有一件像樣的傢俱。

現在走在長春市的大街小巷，還能見到很多當年父親參與建設的建築物，如偽皇宮、地質宮、汽車廠的老廠房、磚木結構的老宿舍樓，等等。每當看到這些建築物時，都會想起當年父親參與建設時的情景，油然增加一份對父親的思念。

一九七九年初，單位組織查體時，發現父親肝上有腫瘤，後經檢驗是惡性的。按父親的體質原本能活到八九十歲，但退休後他經常在外邊的小飯館吃喝，染上了乙肝，後期發展為肝癌。幾重病患的折磨下，父親於一九七九年六月五日病故。

一九七九年五月二日，為紀念父親一生於國於家的貢獻，我提議帶父親去照一張相。於是，就留下了圖2這張父親與我們姐弟四人的照片。這也是父親生前最後的留影。

父親的長袍照

王爾福

這張照片，是父親王念棋一九四三年在哈爾濱道外靖宇街「三友照相館」拍攝的。那時父親在位於道外桃花巷五十三號的「福升德商店」當夥計。父親曾向我講述這張照片背後的辛酸故事：在城裡當夥計，跟在農村給地主當長工一樣辛苦！父親每天天不亮就得起床，晚上閉店後還要點貨，常常忙到後半夜。即使這樣從早到晚忙個不停，還常常遭到店掌櫃的拳打腳踢。為了把當時六歲的我、八歲的哥哥和年輕的母親接到哈爾濱，以離開那「足蒸暑土氣，背灼炎天光」❶的苦日子，父親借了別人的長袍、皮鞋，照了這張照片。當時，父親被店掌櫃打傷的右肩還在流著膿……為讓一家老小高高興興闖關東，父親向我們掩飾了自己的生活真相。一家人團聚之後，父親在一個門洞裡出攤，賣些針頭線腦等雜貨養家餬口。

中華人民共和國成立後，父親開了個「福源號雜貨店」，以「貨真價實、童叟無欺」贏得信譽。一九五六年，父親的店公私合營了，劃歸哈爾濱市土特產公司，父親做了公司的採購員，月薪六十元，而當時在中學當教員的哥哥月薪不過三十六元。父親高興地說：「這下，生活可就安定了！」父親非常熱愛新社會，積極參加市工商界舉辦的政治學習等各種社會活動。父親比以前

1 父親的長袍照

更愛說愛笑了，有時站在家門口，搖頭晃腦，樂陶陶地唱上幾句《四季歌》《天涯歌女》。

我從小就病病歪歪。五歲，因白喉動了手術；七歲，身長疥瘡；十一歲，個頭像人家六七歲，小臉蠟黃，不少人說我活不長。父親與命運抗爭，頂風冒雪，背著我四處求醫，硬是把我從死神手裡奪了回來……三年困難時期，父親一人徒步到野外採野菜，有時還撿些雞毛，梳理後賣掉，換點糧食填家人的肚皮。

一九六二年二月二十三日，正當我大學畢業前夕，父親在一次外出採購途中，突發腦溢血去世，終年五十一歲。每當想到父親辛辛苦苦把我拉扯大，而我卻未能盡孝，便自責、內疚，不禁潸然淚下……

註釋

❶「足蒸暑土氣」句取自白居易《觀刈麥》。

父親的老相機

夏立群

父親有件珍貴的紀念品——一架德國蔡司伊康相機。❶

相機是抗日戰爭時期在一次戰鬥中繳獲的。當時任騎兵連長的父親奉命追殺一股逃竄之敵，全連戰士揮刀奮進英勇作戰，一鼓作氣全殲鬼子兵。也就是在這次戰鬥中，父親受了重傷，一顆子彈射穿大腿，擊斷動脈血管，從此留下殘疾。戰鬥結束後，上級批准將相機獎勵給父親。從此，父親便擁有了那個年代以至於後來好多年裡最奢侈的物品。相機跟隨父親從抗日戰爭、解放戰爭到全國勝利，又跟隨父親工作調動，走過北京、青島、濟南等地。這架老相機凝聚了我們全家在各個歷史時期生活的發展變化，喜怒哀樂。

那是一架老式的相機。打開後，鏡頭由機身內探出，同時將似黑牛皮紙折疊的暗箱拉出。拍照前將取景器打開，然後，要非常準確地調好光圈、距離。記得父親為確保照片清晰，都是用步量。相機裝一百二十膠卷，❷一隻膠卷拍八張，每張四英吋。因拍得少，父親便用薄鋁片兒作了一個框將相機進行了一番改造，便可拍十六張了。

我很喜歡翻看家裡的相冊，因為絕大部分照片是用這架相機拍的，好多張因年代久了，已經

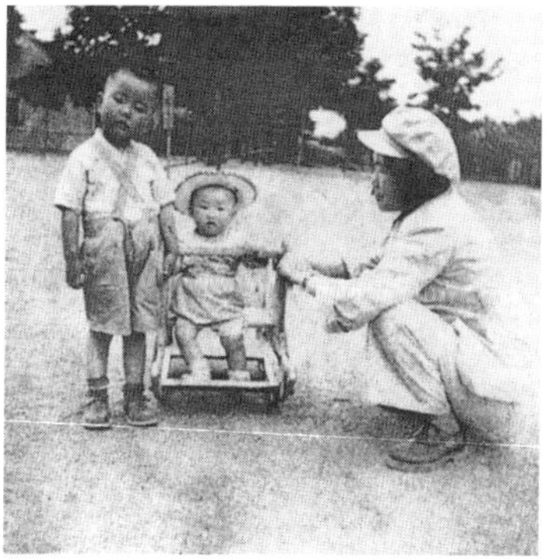

1 （右上）時任村長兼婦救會長的母親與父親合影

2 （右下）圖中母親懷抱作者的哥哥

3 （左下）母親與作者兄妹合影

泛黃。扉頁是父母最早的一張合影，也是全家最早的一張照片，大概拍於一九四三年：年輕的父親身著四個兜到膝的八路軍軍裝，頭戴八路軍軍帽，腳踏翻皮大頭鞋，精神抖擻，氣宇軒昂，一副誓將革命進行到底的神態；時任村長兼婦救會長的母親，長長的頭髮，到膝的粗布大襟衣衫，靜靜地站在父親身邊，矜持、內向，看不出是一個曾被敵人抓住後逃走，夜裡一口氣翻過三座大山終於追趕上隊伍的勇敢女性（圖1）。另一張照片拍於一九四六年秋天，母親懷抱不諳世事的哥哥（圖2）。從母親緊咬的牙關和凝視的雙眸裡，我讀懂了兩個字：堅強。一九四四年，母親曾有一個兒子，由於戰爭的殘酷和不便，父母將他寄養在老鄉家裡，後來去看時，老鄉的房院只剩下一堆被敵機轟炸過的廢墟。母親失去了一個兒子，第二個兒子便堅持帶在自己身邊，晚上翻山越嶺，白天做宣傳工作，都將哥哥牢牢背在身上。

一九四九年後，父母離開部隊，轉移到公安戰線。二十世紀五十年代初，父母在山東省公安廳工作。因為太小，我沒有留下記憶，只有父親拍下的照片。父親說我出生時只有四斤，纖小柔弱，愛生病。哥哥胖胖的，似乎脖子擔不動頭（圖3）。

一九五二年底，父母調北京工作。父親任中央公安學院教研室主任，母親也在學院工作（圖4）。建國初期百廢待興，培訓新中國公安幹部任務繁重，父母工作很忙，幾乎整日無暇與我們謀面，更談不上施予我們親熱與愛撫，我們都由保姆帶大。但父親總是抽空拿起相機，從小到大為我們留下不少永恆的紀念。稍大些父母便將我送進公安部的長托幼兒園，一兩個星期接一次，與父母的感情更加疏遠、陌生（圖5）。

4 （左上）圖中身著公安裝的母親英姿颯爽。攝於 20 世紀 50 年代。

5 （右下）母親與作者哥哥、妹妹以及一臉不高興而噘著嘴的作者合影。

一九五七年夏天，上級批准父親回山東工作的請求，調任青島市委政法部長，母親調任青島市交際處人事科長。這一年，我上學了。家與學校步行五分鐘左右路程，均與大海一條馬路之隔，站在三樓的陽台上，浩瀚無垠的海面和藍天下放飛的彩雲盡收眼底。除了上學，海灘便是我和小夥伴嬉戲、玩耍，永遠也待不夠的地方。父母工作更忙了，白天上班，晚上開會，家務事基本由保姆料理，無憂無慮的生活充滿陽光。這期間父親為我們拍過不少照片，遺憾的是由於種種原因，丟失了許多。在青島的後幾年，父親基本沒有用過相機，好在教會了哥哥。一九六三年的最後一個月，我們兄妹四人在海灘上自拍下了離開青島前的最後一張合影（圖6）。

百無聊賴中，我們便用父親的相機打發鬱悶、閒怠的時光，愁中作樂。一九六九年夏天，我們四人到農業廳大院拍照，哥哥創意並拍下了一組姐弟三人挽手並肩昂首前行的照片（圖7）。

一九七〇年冬天，寒風料峭，滴水成冰。春節剛過，我和幾個同學便被「分配」到淄博市博山區邊緣的大山裡教書。交通不便，生活艱苦，十分想家。一九七一年暑假，當知青的弟妹、教書的哥哥和我分別從各自的農村回濟探親，全家團聚，父母很高興，便在家中自拍了一張全家福（圖8）。這是這十年全家唯一的一張合影。

一九七四年，我在農村已待了四年。父親經常寫信鼓勵我，我告訴父親聽說山裡有狼，父親寫信說千年的武松能打虎，共產黨的女兒難道還怕狼嗎？要我虛心向貧下中農學習，好好鍛煉自己。父親的身體越來越不好。秋天，我請假回家看望父親，父親老了許多。

二十世紀八十年代中期，各種類型的相機已經開始被普通百姓所擁有。我們平時拍照也很少

6 （左上）作者兄妹四人在青島海灘合影

7 （右上）全家福

8 （下）圖中姐弟三人挽手並肩

再用這架老相機了，便將它保存在我的家裡。一九八六年我搬家，不知怎麼丟失了。父親問過多次，我不敢說，只是搪塞應付。後來，我偷偷地告訴了母親。直到去世，父親便再也不曾提起過相機的事。

相機跟隨父親四十多年，記錄了我們家的年年歲歲、風風雨雨，留下了許多珍貴的照片和美好的回憶。我深感對不起父親，每每想起，自責、內疚之情無以言表。

註釋

❶ 蔡司．伊康股份有限公司，一九二六年合併四家德國相機製造廠而成。

❷ 120底片（120 film），靜態攝影的底片格式，一九〇一年由柯達公司開發。

父親的信

楊弘緒

孩提時代，含辛茹苦的母親帶著四歲的弟弟和六歲的我留守瀋陽。聽母親說，父親因支援「三線」建設，在偏僻荒涼的朝陽市一家工廠工作。雖然年幼的我無法明白其意，但給我留下了深刻的印象。

五六歲起，父親引領我識文斷字，用鉛筆一筆一畫寫下人生最初學會的漢字——人。至今我還珍藏著由父親裝幀的我用鉛筆寫成的兩冊小楷。這給我的童年記憶乃至之後的成長，留下了不可磨滅的印記。

二十世紀七十年代，我上初中起多了一份作業——給父親寫信。那是一個物質和精神都相當匱乏的年代，電話遠未普及，打長途電話只能到郵電局。話費貴、不方便，書信是我們父子之間溝通交流的主要方式。那時候，父親每月寄來一封信，從不間斷。當年，我家住在棚戶區，胡同裡安靜得很，常常可以聽到郵遞員自行車的清脆鈴聲，然後高喊著母親的名字，有時候還要高喊：「拿戳兒！」我知道父親寄錢或郵單來了，覺得那聲音格外親切，彷彿父親回家來了。每當收到郵遞員送來的信，我立刻拆開，一字一句，一讀再讀。父親在信裡循循善誘，教我如何寫

1 1963 年的全家福

信：如提及尊長，一律空格或抬頭換行；如何讀書，如何處理好與同學的關係，學會思考，學會生活……

父親在朝陽那邊，時刻關注著三百多公里之外的母子，憶舊授新，答疑解惑，字字含情，連錯別字、欠妥的標點符號都不放過。有父親做我的啟蒙老師，讓我在人生的旅途中，心有所盼，心有所安。

父與子在信箋上傾心筆談，從中我感覺到父親的脈搏和體溫，洞悉他的喜、怒、哀、樂。在父親看來，孩子會寫信，能夠傾訴自己的情感，就是長大了。

信封上，父親每每精選一枚剛剛發行的紀念郵票，郵票的題材有「樣板戲」、毛主席詩詞等。至今我還堅持集郵，方寸之間濃縮著歷史的軌跡。

父親少年時只讀過三年私塾，可他終生勤學不輟。從十五歲起離家學徒、經商，生性聰明好學。後來，他隨著闖關東的人流，從山東蓬萊來到瀋陽。近日，有幸讀到父親在一九六五年填寫的一份履歷表，「本人成分」一欄填報的是「行商資本家」。一九七九年九月十六日八時四十五分，他在回瀋陽辦理退休手續、即將結束夫妻二十五年兩地生活時，心臟驟然停擺。他帶著永遠不能說出的遺憾和對美好生活的企盼，離開了他深愛的土地和家人。那年我二十三歲，在鄉下插隊當知青。

父親沒有給家人留下什麼物質財富，甚至連溫情柔意的回憶，也極其有限。但是，他留下的一封封信箋讓我們終生受益；他的音容笑貌，永遠留在我們心中。

我的父親是武工隊隊長

劉厚軍　劉滬民

我們的父親劉斌，一九一六年五月出生在山東棗莊一個回族家庭。由於家境貧窮，弟弟、妹妹又多，所以作為長子的他從小就隨爺爺做小工、挖河泥，十六歲下礦井挖煤，用自己的雙手與爺爺一起挑起了全家的生活重擔。

一九三八年三月十八日，日本鬼子佔領了棗莊。第二天，父親經過鬼子的崗哨時，沒有給鬼子兵鞠躬，幾個鬼子兵圍上來將父親痛打了一頓。第三天父親就和全家人逃到了山裡。後來，舅爺爺李微冬（回族，棗莊共產黨早期領導人之一）在山裡找到父親，讓跟他一起去抗日。舅爺爺以前經常給父親講革命道理，多次動員父親跟他幹革命。父親不想把全家的生活重擔都扔給爺爺，所以一直沒同意。那時父親就意識到他舅舅是共產黨，這一次說要抗日打鬼子，父親立刻同意了。爺爺奶奶也深明大義，支持父親去。一九三八年四月，父親跟著舅爺爺來到了棗莊西北的墓山，在那裡參加了魯南抗日義勇隊，一開始擔任供給員。一九三九年三月，父親由紀華、渠維英介紹加入了中國共產黨，不久被調到宣傳隊工作，相繼擔任副隊長、隊長。宣傳隊有四十多人，絕大多數是有文化的青年，非常有朝氣。部隊行軍時，宣傳隊同志先跑到隊伍的前面，說快

1 1944年間，新四軍六〇團曾攻佔過棗莊鎮，後因日軍從臨城縣（現薛城區）派兵增援便主動撤出。這是進駐期間與棗莊鎮民政幹部的合影。前排左二是父親。

板、喊口號，進行宣傳鼓動；部隊過去了，又追到前面繼續進行宣傳鼓動；戰鬥打響後，就組織擔架護送傷員。一九四一年初，八路軍一百一十五師的教導二旅來到魯南，所在部隊就被整編為一百一十五師教導二旅五團。

營救同志

一九四二年二月，為響應「精兵簡政」的號召，團裡決定撤銷宣傳隊。父親被調到敵工股任工作組組長，在魯南根據地最前沿的蘭陵縣開展對敵鬥爭，在賈莊、卞莊一帶活動。賈莊是偽鄉公所，駐有一小隊偽軍；卞莊是日偽據點。當時父親的任務是分化瓦解偽軍，在其內部發展情報關係，爭取其建立為我所用的「灰色」政權。

一九四二年夏天，父親正在偽鄉長劉建伍家搜集情報，劉志和（劉建伍的兒子）火急火燎地回到家告訴父親，小隊（偽軍）查獲了一個叫吳昆的女人，從她身上搜出一些「北海票子」（北海幣，抗戰期間中國共產黨在山東抗日根據地發行的貨幣）。父親一聽，就覺得這個名字很熟，仔細一想，應該是當時魯南區黨委組織部部長魏思文的愛人，但沒有與她見過面。「她到這裡幹什麼？」父親問道。劉志和說：「她聽說鬼子要『掃蕩』，就跑到敵區來，被他們（偽軍）查住了。」父親說：「不要緊，你先給陳貴勳（偽軍小隊長）做做工作，再告訴他我要找他談談。」父親跟陳貴勳見面後，問陳：「聽說你們查了一個從根據地來的人？」陳說：「對，我問過她，她

2 （上）1946 年 2 月，棗莊第一次開放，棗莊鎮首次成立了以回族幹部為主的人民政府，鎮長劉斌、鎮委書記李宗海、副鎮長李振哲、工委組織幹部魏傳璞、婦女幹部李玉等人都是回族幹部。圖為 1946 年 3 月，在棗莊清真寺前與部分鎮幹部的合影。左二是父親，右二是李宗海。

3 （下）1946 年 3 月，攝於清真寺大殿前。左邊是父親。

說自己是老百姓，到這裡走親戚，順便買點兒東西帶回去。但兄弟們說她是女八路，還帶了一些北海票子。你說這事怎麼辦？」父親不動聲色地反問他：「你想怎麼辦？」陳想了一下說：「根據地來的都是自己人，當然要放了她。」「這樣很好！」父親鼓勵了他一番，讓陳把吳昆交給劉志和帶回去，並對陳說：「你要給隊裡的弟兄解釋清楚，就說吳是老百姓，到這裡走親戚，帶北海票子是為了順便買些東西回去（該地區主要用偽幣，但北海幣民間也用），免得他們懷疑你私通八路。」後來劉志和當天就把吳昆送到山裡去了。幾天後，父親收到了吳昆的一封感謝信。

奪糧鋤奸

一九四三年初，五團為了加強敵後武裝鬥爭，從團裡抽調了一部分軍事素質好、作戰能力強的幹部新組建了一支武工隊，並且配備了精良的武器，父親也是當中的一員。這年春天，武工隊得到情報，西集據點的敵人將派一個連的偽軍，押送幾十車糧食到棗莊。武工隊雖然只有四十多人，卻配備了四挺輕機槍、四門手炮（擲彈筒），除短槍班外，其餘三十多人幾乎全是長短槍雙套武器，作戰能力很強，曾多次與日偽軍作戰且從未吃過虧。武工隊埋伏在黑風口側面鳳凰山附近，這是敵人運糧的必經之路。當偽軍押著四十多車糧食慢慢進入伏擊圈，隊長一聲令下，隊員們一起開火，打得偽軍人仰馬翻，鬼哭狼嚎，並俘虜偽軍三十多名。當時山裡根據地正需要糧食，武工隊就動員群眾把糧食送到山裡交給部隊，牲口車輛是偽軍搶來的，全部發還給群眾。

十一月，父親擔任雙山縣六區區長兼區武工隊隊長，副隊長叫李新志。武工隊在棗莊以西齊村、城河、山家林一帶敵佔區活動。其間父親與李新志曾帶領短槍班夜闖齊村，鎮壓了一名迫害我黨地下工作者、為日寇提供情報、殘害群眾的漢奸特務。

父親趙儷生與孔祥瑛的一段趣事

趙綱

父親趙儷生生前和我們聊起清華園歲月時，曾提到班上僅三名女生，有兩位後來很出眾：一位是大名鼎鼎的文化官員、《思痛錄》的作者韋君宜；一位就是著名「三錢」[1]之一錢偉長的夫人孔祥瑛女士。孔女士是由天津南開女中考入清華的，祖籍山東，孔子第七十五代傳人，少年時就辦過刊物，是位教養頗佳、才具不低的知識女性，一九四九年後一直任清華附中的校長。

二十世紀八九十年代，孔女士陪夫君數度到西北考察。她只是個陪員，沒什麼硬場面一定需要周旋，於是經常溜號到我家私訪，尋她的老同學——我的父親趙儷生——敘敘舊日的同窗之誼。

人老了，難免有幾分懷舊，都喜歡嘮嘮當年風華正茂的青年時代。老同學一見面，那種快樂自然沒法說，彷彿又回到了二十世紀三十年代的清華園，坐在一起掰著手指清點他們班同學的境況：這些人現如今都在哪裡，都在幹什麼，哪個死了，哪個病了，哪個上去了，哪個下來了，哪個學問做得踏實，哪個還在那裡胡扯淡。總之，老同學眼裡，他們才不管他官居幾品，是哪行哪業的煌煌大家。在自家屋中描摹人物，點評優劣，可是件無須防範、不用顧忌、蠻有樂趣的事，

1 1990年前後，錢偉長偕夫人孔祥瑛到西北考察時，攝於蘭州大學校園。左起：趙儷生、錢偉長、趙繼游、孔祥瑛、葉開源。

比官方報道出來的要生動許多，更加活靈活現。由於父親偏居邊陲，自然是孔女士知道得多，父親了解得少。當然，他們也彼此開涮，相互「揭短」，熱鬧得讓你感覺不到這是兩位耄耋之年的老人。

孔女士一來，父親的開場白便是：「多年不見老大姐，不過錢學長倒是經常能在電視中看到，儼然躋身政府領導行列嘍！」孔女士不以為然地嘴一撇：「那有什麼，別讓人家老百姓不待見。」他們在細數清華十級老同學的去向後，開起了玩笑。孔女士對母親說：「趙姓可是當年清華園的美男子，有名的調皮蛋。」父親調侃：「既然我是清華園的美男子，你怎麼嫁給錢偉長，沒嫁給我呀？」孔女士一下笑翻了，衝我母親說：「到老沒正形！當年他是我們班上最小最小的小弟弟，我們哪個不比他大個兩三歲？他那會子還是個小孩子，啥都不懂呢！」父親不服：「誰說我不懂，××見天趴在宿舍裡給你寫情書，打發我給你傳遞，到現在我還能給你背上兩段。」於是搖頭晃腦、咬文嚼字地背了起來，活脫脫把一個酸腐文人模仿得惟妙惟肖。背完問孔大姐：「有這事吧？」孔女士笑得一塌糊塗，指著父親對我母親說：「我都忘了，難得他還記得，那點子記性都用到這上頭了！」

正說到興頭上，錢偉長的電話來了：「你怎麼還不回來，大家等著你開飯呢！」父親趕緊催客：「錢學長不耐煩了，你還是趕緊過去吧。按說咱們老同學難得一聚，怎麼地也得為老大姐設宴接風洗塵，怎奈今兒個我家吃的是莊戶飯，太寒磣，實在拿不出手來。你還是去寧臥莊赴大宴去吧。」已經走到門口的孔女士一聽父親這番話，停了腳步，返了回來：「哦，要真是頓莊戶飯，我還不走了呢。看看你家的莊戶飯。」她徑直邁進廚房，一眼就看到火上熬著稀稀的苞谷麵糊。我正手忙腳亂，連擀帶烙做著韭菜雞蛋盒子。孔女士一見，高興得很：「要是這個飯，我倒要留下了。」一進屋裡打電話：「你們自個吃吧，別等我了。我在趙甡家吃飯了。」

飯桌上，父親讓我們姐妹上桌陪客，衝孔女士講：「孔大姐，這就是我那位並不漂亮的夫人，這就是我那窩並不漂亮的女兒。」父親一直記著老同學背後的損詞，故意在此撂了出來。孔女士滿臉笑開了花，衝我們頻頻點頭：「蠻好，蠻好……」媽媽有幾分愧疚地衝孔女士講：「我家教不好，女兒個性都強，都有脾氣，所以一個個都沒出嫁。」孔女士拍著媽媽安慰道：「一樣的，一樣的，我家也是這種情況。」這說明知識分子家的女兒待字閨中的絕不僅我們這一家。

註釋

❶「三錢」指錢偉長、錢學森、錢三強，都是從海外歸國的科學家。

父親的學生時代

龔玉和

我的父親龔文千（一九一八—二〇一〇）先生是江蘇太倉人。

十六歲時，父親從太倉來到杭州，考進「國立藝專」（今中國美術學院），就讀於實用美術系的「環境藝術與室內裝飾」專業。父親說，當時實用美術系「環境藝術與室內裝飾」專業在國內並不多。「藝專」在全國頗具影響，對於學子來說，能進入藝專是一件很榮耀的事。

「國立藝專」初時稱國立藝術院，後改為國立杭州藝術專科學校。

當年學校分二年「預科」和四年「專科」，在校學習期為六年才能畢業。因而，杭州藝專畢業學生的繪畫水平明顯要高於別的藝術專科學校。校舍就在湖上孤山的朱公祠旁邊。

記得小時有一次路過朱公祠，父親指著道旁一棵高大的梧桐樹說，剛進校時，與幾位學友外出，一時貪玩，晚上回來遲了，宿舍大門緊鎖，大家只好攀上這棵樹進屋。

藝專的教室設在平湖秋月（時稱「哈同公園」）附近，每到黃昏時分，師生們便在湖畔寫生，音樂系的同學在室內彈琴、練唱。

1 （上）父親（後排左一）與藝專同學

2 （下）父親（左二）與藝專同學

西遷

只是好景不長，淞滬戰事爆發。一九三七年秋末，日軍逼近杭州，藝專倉促撤離，師生們逃難到了浙中地區的諸暨，結束了那一段難忘的美好記憶。

初時，大家沒有估計到戰爭會持續很久，覺得只是暫時到諸暨鄉下去躲避一下。未料，時勢逼人，戰局進一步惡化，諸暨也不能久留了。校方接獲教育部通知，搬遷到湖南沅陵縣去。

有一次我問父親，當年藝專內遷時，那是有組織的大撤退嗎？

他說，哪裡有的事，日本人就要打過來了，慌亂中，大家各自逃命，顧不了那麼多。校方只發出一個通知，學校遷往湖南沅陵，要求大家到那裡集中。

當時，師生們便各自分頭逃散了。浙贛鐵路遭到日軍轟炸，交通運輸已經中斷，較為暢通的西行線路，只有古代南北運輸的主幹線——錢塘江水上運輸通道。

父親與一位富陽新登的同學袁力丁同行，先由富春江乘船溯流西上。

師生揚帆逆流，雖國難當頭，山河破碎，百姓一路逃難，途中還不時遭到日軍飛機的轟炸，但是，他們滿懷一腔熱血，在西行船上，面對著富春江兩岸的青山綠水，繪畫系師生坐在船尾寫生，音樂系學生站在船頭，引吭高歌……

父親一行幾位同學，先到新登袁家過了幾夜，再輾轉到達長沙。

父親說，戰亂期間有的同學甚至在路上遇到了土匪，要他們交「買路錢」。藝專學生大多很

3 （上）父親（中排右一）與藝專同學合照，攝於 1942 年。

4 （下）1942 年的父親獨照

窮，逃難時不像某些富戶帶了金銀細軟一起跑，他們除了幾件換洗的衣服、學校發的一點路費外，幾乎一無所有。

有一次，土匪來了，有個男同學便大膽與他們商量：「我們身上沒有錢，不信可搜查一下。但是我們會畫畫，要不就替大伙畫張像，權作『買路錢』？」土匪覺得這幫學生窮得可憐，沒什麼油水可以搾取，便把他們放了。

一路上，可乘船的地方，僱船；有車的地方，搭車；也有不少路段，舟車不通，大家只好跋山涉水，終於到達長沙會合，一起前往沅陵。

藝專在沅陵

沅陵是湖南西陲的一個小城，上捍雲貴，下蔽湖湘，素稱「湘西門戶」。師生們歷盡萬水千山，終於到達沅陵。只見城門上早已貼了佈告，通知各地來的師生們到各自的集合地點，杭州藝專和北平藝專被安排到一座破舊的大宅院，對外稱為「國立藝術專科學校」。

可惜父親年事已高，記不得那所宅院的名稱了，只覺得那是一所破落大戶人家的庭院，仍有不少房間空著，四周十分荒涼，且離沅水不遠。

此時，師生們遍嘗艱難險阻，總算尋到了一個安身之處，大家在此休息整頓，以為這下可以穩定一段時間了。

父親在沅陵

在沅陵的時間雖然不長，但是仍給父親留下了較為愉快的記憶。湘西的民俗風情以及沅江的秀麗風光，吸引了眾多藝專師生，他們不僅上課，而且還到野外去寫生，參加苗族的跳番節、安壇、接龍謝土等活動，觀看當地人的表演。父親還參與了苗族的還儺願、打翻邦等節慶活動。

學校到了沅陵，校長林風眠辭職，教務長林文錚代讀了他的辭職信，林說「近時顛沛流離，備受淒苦，惟杭校員生，隨弟多年，不無唸唸，還望二位仁兄不棄，多加維護」云云。在場聆聽的杭州藝專的師生員工，無不為之動容。

藝專西遷至貴陽、昆明

事勢難料，學校開課還沒有幾個月，湖南也吃緊了，日軍飛機大肆轟炸長沙，城內一片火海，居民紛紛逃散。消息傳到沅陵，一時人心惶惶，由於沅陵集中了各地的大批機關。未久，沅陵也遭到日機轟炸，師生們開始撤離，這次的目的地是貴陽。

集體搬遷撤退，目標太大，容易引起日機注意。於是，學校給每個學生發了一筆路費，大家化整為零，分頭到貴陽集中。到貴陽未久，這裡也遭到了日機前所未有的大轟炸，城內一片大

5 （上）父親在沅陵留影

6 （下）父親與苗族兒童合影

火，濃煙滾滾，景象慘不忍睹，百姓扶老攜幼逃出城來。幸好幾次空襲警報來時，藝專師生均在鄉下寫生，沒有傷亡。但是不少人連行李、鋪蓋等全燒掉了，離開貴陽時，許多人幾乎一無所有，兩手空空繼續他們的流亡旅程。

父親跟著幾個同學一起逃命，時而坐車，時而走路，時而乘船。還有不少學生找不到代步的工具，只得徒步到達昆明，他們一路寫生，一路寫日記，將所見所聞畫了下來，也記了下來。父親自嘲說，我們才是真正的徐霞客，飽覽了祖國湘貴滇的大好河山，一直來到昆明。

大家到了昆明後，才算喘了一口氣。當時，雲南省主席是龍雲，治滇頗有成效。初時，戰爭對於昆明波及有限，粗粗看去，街市仍然井井有條，商業照常繁榮，外表還看不出多少戰亂痕跡。學校給大家的補助金也增加了，多達十餘元。對那時的普通人來說，十多塊大洋，可謂一筆不小的數目，師生們彷彿又尋到了幾分重回西湖之濱的感覺。父親常說，師生們一起泛舟滇池，揚歌湖上的歡快，令人回憶起西子湖畔的歲月。

教師們對於這一群求學時代就歷盡艱難險阻的學生寄予相當期許，當父親畢業離校時，雲南大學校長熊慶來為父親題了幾行字：「學術是不能完工的一座寶塔，我們每個人都可以加上一些磚石。」他居然稱呼當時作為學生的父親為「文銓仁兄紀念」，不是說父親的年紀比老師大，而是當時一種十分流行的說法，師生們患難與共，已經情同手足了。

未久，剛定下心的師生們又開始焦慮了⋯⋯日機也跟著來了，昆明上空頻頻拉響警報，不得已之下，藝專又開始了新的一次搬遷。

這一次他們到了遠離昆明的一個小縣呈貢的安江村。安江地處偏僻，學校生活還算平靜，村落附近的山川曠野之中，常能見到師生作畫寫生的蹤影。對於藝專的師生來說，經過長期動盪不安的生活，竟有世外桃源之感。

父親與六個同學湊了點錢，租了一個小宅院。院子中有竹子、樹木，還騰出兩間屋子做廚房與客廳。

父親回憶當時的情形，袁力丁在廚房裡一邊炒菜一邊唱歌。還有一位同學，叫凌南隴，勝利後，去了印度尼西亞，他小提琴拉得很好，經常拉一些歐美名曲，父親也跟著在一旁伴奏。我父親的那屆學生是在昆明西南聯大畢業的。畢業那天，導師聞一多先生對於這批從沿海地區遷到內地的學生頗多感慨，且寄予相當期望，為父親題了三個甲骨文的字「遊與藝」，表示對學生今後走進社會的勉勵。

同學們在各人的留念冊上題字作畫，葉淺予特別為父親作一幅漫畫，他只提筆畫了幾下，就把父親的神態描了出來。教師常書鴻在課堂中，立時為父親作了一幅速寫，將父親當年的風貌神采栩栩如生地留在了紙上。

父親說，他們那一班同學四處飄蕩，顛沛流離。但是，在那一屆同學中，後來不少成為畫壇名人，對社會卓有貢獻，諸如畫家趙無疾、❶董希文、王朝聞、丁聰，歌唱家張權，等等，都是同屆畢業生。

藝專畢業

藝專畢業後，父親到了貴陽，先在街面租了一間辦公室，開了一家廣告公司。父親是藝專出身，對於製作廣告得心應手。父親還辦了一家小畫報社，做出的廣告頗具文藝氣息。有一次我問父親，剛開辦小雜誌社時，哪能找到那麼多訂戶？

他說，這個也不困難。因為爺爺在教育廳當科長，與貴州各家學校、機關的關係不錯。於是，爺爺就幫父親聯繫了教育廳屬下的一些學校、機關，各家訂一份，積少成多，解決了雜誌的部分銷路問題。雖然雜誌社沒有什麼錢可賺，但是基本上可以做到收支平衡。

未久，父親的老同學袁力丁也到了貴陽，父親便與袁先生商量，約了另外幾位朋友合夥開了一家叫做興業建築事務所的小公司，當時稱「營造廠」，類似於現在的建築公司，搞工程，造房子。父親說，他在貴陽的事業不錯，營造廠的生意應接不暇，收入相當可觀，買起東西來幾乎是整對整打地往家裡搬，根本想不到後來的生活竟要「省著點花」。

註釋

❶ 趙無疾，疑指趙無極，法籍華裔畫家，曾就讀於國立杭州藝術專科學校。

父親曾經是個兵

任建國

看了作家鄧一光的小說《父親是個兵》以後，心生諸多感慨，禁不住想起了我的父親，因為我父親年輕的時候也是一個兵。不過人家鄧父是部隊高幹，而我的父親只是一個普普通通的回鄉復員軍人。

父親出生在塞外蔚縣壺流河北岸一個農耕家庭，八歲喪父，母親後來改嫁，他在親戚的幫助接濟下獨立生活，好在有祖上留下的一點產業，才使他將苦日子維持下去。一九三八年，父親長成一個大小伙子了，日寇的鐵蹄踏進了蔚縣的山川土地，攻城佔鎮，燒殺搶掠，無惡不作。沒多久，晉察冀軍區一分區在蔚縣大南山建起抗日根據地，八路軍游擊隊經常在夜間下山偵察敵情，襲擊據點，騷擾敵人。父親是獨身一人，生活比較自由方便，游擊隊就經常在他家落腳、開會，他家成了南山游擊隊的聯絡站和堡壘戶。雖然沒文化的父親並不懂得抗日救亡的大道理，可他知道，咱中國人怎麼能受日本鬼子的欺侮？中國的土地上咋能讓外國鬼子橫行霸道呢？俗話說：沒有不透風的牆。時間一長，他就引起了人們的注意。一九三九年臘月的一個傍晚，由於村裡漢奸的告密，日本鬼子將父親抓進西合營據點，一番毒打審問之後，父親只承認家裡住過幾個親戚，不是八路軍游擊隊。鬼子看沒什麼結果，就將半死的父親關進一間冰冷的馬棚想將他凍死。所幸

1 1949年，父親（前排右一）與戰友們的合影。

馬棚裡有一口鍘刀，半夜裡父親甦醒過來，用鍘刀割斷繩子，連滾帶爬從牆洞裡鑽了出去。他沒敢回家，在一個好心大嬸家養了幾天傷後，便在一個月黑風高的夜晚奔向蔚縣大南山抗日根據地，參加了晉察冀一分區邸（會魁）支隊，一九四〇年初，正式成為一名八路軍戰士。

那時部隊的槍枝彈藥很少，根本達不到人手一枝，只有下山執行任務時才發一枝槍或幾顆手榴彈，不但影響戰鬥力，有時還因此造成人員傷亡。父親看到這種情況，又隻身潛回村裡，將祖上留下的幾間房屋、幾畝地及全部家什賣掉，換來一百多塊銀元，通過熟人從敵偽人員手裡買了一些槍枝彈藥，又上了南山。父親這一去，家裡便一無所有了。當時村裡的好心人曾力勸父親留一點家產，可父親仍然不為所動。他說：「咱生是八路人，死是八路鬼。再說天天打仗槍子兒又不長眼，說不定哪天眼一閉就死了，這樣咱也沒啥牽掛的了。」所以直到現在，老家的一些老人談到父親，還罵他是「敗家子」「討吃鬼」。

父親為人膽大心細，勇敢機靈，戰爭年代雖然受過幾次傷，卻沒落下什麼殘疾。一九五三年，已是連職幹部的父親作出了一個令許多人不解的決定：復員回鄉。戰友們勸他留下來。父親固執地說：「咱沒文化，現在不是打仗的時候，光憑勇敢向前衝就行，咱還是回家種地吧。」父親就這樣復員回鄉，當了多半生的農民。後來有人對父親說：你這樣多虧呀，那時把家產賣了，現在回來什麼都沒有了，放著官不當硬要回來受罪。父親卻說：「那些死去的戰友為國家把命都捨了，我能活著回來就挺好了，還有什麼捨不得的呢？」

父親於二〇〇一年無疾而終，享年八十三歲。

與父親的唯一合影

張垣

這張老照片拍攝於三十八年前（本文發表於二〇〇七年），顏色已發黃，四角有點捲，佈滿滄桑，先父一直視若珍寶。我也十分珍愛這張照片，因為它是先父八十八載漫漫人生之旅的唯一風景照，也是我們父子三人的唯一合影。

稍有點旅遊經歷者，一看便知這是在揚州瘦西湖的留影。是的，照片背景是瘦西湖的標誌景點——白塔與五亭橋。中間剃平頂頭，上穿素色對襟衣，下穿大襠黑褲，腳蹬黃跑鞋的是父親，那年他已五十八歲；緊挨他老人家的是我和弟弟。

一個土生土長於江海平原的種田漢，在「農業學大寨」的歲月，能到幾百里外的揚州遊瘦西湖，這在家鄉也許是「蟾宮折桂」了；而這根「桂枝」，還是照片右邊學生模樣的我遞給父親的。

我是一九六五年考取位於瘦西湖畔的揚州師院的幸運兒，自遊覽了風光旖旎的瘦西湖後，便一直有個美好的心願：趁在校讀書的有利條件，請雙親來揚州同遊瘦西湖。可是，直到一九六九年初夏即將畢業分配，我才傳書老父，請他帶老母同來揚州一遊。

信發出去後一週，一天傍晚，父親風塵僕僕趕到了。他沒帶母親，卻帶了年方二十的弟弟騎

1 父子三人的唯一合影

自行車來哉！我怪他以半百之年竟驅車五百里，父親安慰我說，他們頭天投宿如皋朋友家，用兩天時間跑，不感到怎麼吃力。

儘管父親是往花甲之年奔的準老人，但身體不錯，休息一夜，次日晨起身後，便興致勃勃地說要遊瘦西湖，於是父子三人投入了瘦西湖的懷抱。那是「抓革命，促生產」的年月，又將臨夏忙，遊人不多，父子三人徜徉林蔭道，漫步綠水畔，遊白塔，賞五亭橋，說不出的開心。父親好像劉姥姥進大觀園，問長問短問不停，看來看去看不盡。我乘興提議留個影，一向節儉、連乘汽車來揚州都捨不得的父親竟欣然同意：「一生一世難得來一回，走，咱們拍小照去！」於是，我們以塔橋為背景，在一九六九年五月的瘦西湖畔，留下了這張合影。

瞧，父親沉靜地遙望遠方，好像在沉思：我兒考到這好地方唸大學，福分哪！父親的右手緊抓著弟弟的左手，似乎怕這個伴他同來揚州的小兒子走失呢！而我的右手撫在父親背上，左手半握拳，腳蹬母親千針萬線做成的小圓口黑布鞋，彷彿在宣告世人：誰說咱大學生一年土、二年洋，三年不認爹和娘？

照片寄回家中後，父親如獲至寶，以此為榮耀，給親戚看，讓朋友瞧，請左鄰右舍賞，逢人便說：「瞧，這是我家兩根頂樑柱，一文一武，文的會寫文章，武的能掄斧做木匠！」這張照片，不知傳過多少人的手，被人端詳、欣賞、羨慕過。直到一九九九年夏父親永別這個世界前，還在含笑看著它……

父親親歷「地道戰」

高石英

觀看電影《地道戰》的時候，父親高萬芳不時會指出哪些地方不夠真實，他說現實遠比電影裡殘酷。抗日戰爭時期，父親親歷冀中平原地道戰，帶領白洋淀一帶的軍民與敵人進行艱苦卓絕的鬥爭。當地百姓有「跟著大高（高萬芳）打鬼子」的口頭禪。

地道戰是鬼子逼出來的

抗日戰爭時期，父親先後擔任河北省任丘縣❶第五與第六區、鄚州區黨委書記，以及任丘縣武裝部長。這一帶為冀中平原，鬼子頻繁「清剿掃蕩」，父親帶領軍民從地下尋找掩護，發動家家戶戶挖地道，跟鬼子打持久戰。

最初挖的地道為直筒式，僅能藏身，且易被敵人發現，後改造為地下連通的。那時，每個村都發展了三到五戶絕對保密的堡壘戶。我奶奶家就是這樣的堡壘戶。組織上的人到家裡來接頭或者開會，裹著小腳的奶奶就坐在門前納鞋底，聽到什麼動靜，就趕快跑回家報信，讓同志們從地道裡撤離。奶奶家的地道就經過多次改造，鍋灶下、炕洞中、地窖下、水井中，到處藏著地道口，隱藏得很巧妙，裡面的構造也越來越複雜，能吃住、開會辦公，還能掩護撤退。

日本鬼子進村「圍剿」，發現地道口就火燒、煙燻、水灌，還放毒氣。聽父親講，我方就巧設一些假洞口、半截地道、上下雙層地道，還在死洞上面鋪上新土，真真假假，跟鬼子周旋。父親說，其實那時候本鄉本土的漢奸熟門熟路，破壞性極強，很難對付。「打鬼子得先除漢奸」，組織上經過研究，決定瞄準其中一個勢力最大的漢奸下手，先設法控制住他手下一個親信，探準他的行蹤，然後父親親自帶著兩個人，趁這漢奸去會他的姘頭，半夜裡摸到其姘頭家床頭，收拾了他。

鬼子沒人性，實行「燒光、殺光、搶光」的「三光」政策。父親就帶著人去埋地雷，切電線，斷路，炸橋，端炮樓，打完就鑽進地道藏起來，神出鬼沒。根據戰時實際，他們後來又把民用藏

1 父親高萬芳授銜後的留影

身地道和作戰地道分開，設上了瞭望孔、射擊孔。常常是鬼子白天禍害老百姓，他們就夜裡出動殺鬼子報仇。

父親說，群眾中出天才。他們把地道主幹道和許多分支道連成網，天天跟小鬼子打拉鋸戰。父親在白洋淀一帶深受百姓愛戴，他當了區委書記後才配上自行車，不管他騎車進了哪個村，都有群眾忙著把留在土路上的車轍印掃掉，保護他免被敵人追蹤。

當年，冀中抗日名將、任丘縣委書記李光榮很器重父親，誇他指揮作戰腦子活，能以弱勝強。後來上級給父親配了戰馬，他就騎著這匹馬無數次指揮反「掃蕩」，也無數次逃過敵人的追殺。這匹馬的舊鞍被父親視為寶物，一直珍藏至今。父親最心愛的「三八摟子」手槍，就是李光榮送給他的。母親鄭麗君當年是婦女支前隊長，就是李光榮叔叔的愛人李風阿姨介紹給父親的，這也算是傳奇中的浪漫吧。我成年後曾回過白洋淀，鄉親們特別熱情，還帶我去看當年被父親炸掉的半截鬼子炮樓。

給農民工看電視

父親一直對我們兄弟姐妹嚴格要求。我就曾經因為「搭便車」被父親批評。當時父親在單位是副政委，要出差下基層，我也跟著上了車，並要求司機拐彎將我送至公交車站。父親出差回來後，對這件事很生氣：「車是辦公務用的，你想上就上，這合不合適？你還隨便支使司機為你拐彎，想沒想過司機的感受？」父親要求孩子們不能有絲毫特殊。

「當年平原作戰，全靠家家地道、人人掩護才活下來。」父親說。他一直對老百姓有著深厚的感情。父親曾經穿著一件新毛衣出門，正碰上一位農民拉著一地排車豆腐，結果下坡的時候那些豆腐盒子都往下滑。父親一邊叫停車，一邊衝上去用身體擋住滑脫的豆腐。他因此扭了腰，新毛衣全濕透了。但是父親覺得值：「老百姓要靠這些豆腐過日子。」

有一年，我家住一樓，附近有民工正在施工。一位民工把被子掛在我家院子裡晾曬。父親瞧見被子上破了一道大口子，就讓我拿著針線和補丁給補上。每到晚上，發現總有一些民工在客廳窗外探頭，原來是隔著窗玻璃看室內對面的彩電。父親就讓孩子們每晚輪流值班不准睡覺，把民工請到家裡看電視，坐得滿屋都是人，等民工散盡了，才關電視。

晚年的父親曾想背上糞筐到馬路上拾糞，可是城市的馬路無糞可拾，他就到路口轉悠：「我還能給人們帶路、指路。」父輩們留下的精神遺產，將永遠激勵我們。

註釋

❶ 任丘市，位於河北省中部的縣級市。

服務農村的醫生父親

張　琦

一九七六年七月八日，我的父親張玉林在楓樹村突發心衰，猝然離世，時年五十四歲。

父親生前是位醫生，醫術精湛。臨終前，仍思維清晰，村裡的赤腳醫生問他用什麼藥，父親微弱地說：「副腎鹼（一種強心劑）。」對方回答沒有，父親又說：「尼可刹米（調節呼吸的藥）。」對方仍說沒有，父親斷斷續續地說了他生命中的最後一句話：「百分之……二十五……的糖。」父親是要靜脈注射百分之二十五的葡萄糖，可是針還沒扎進去，父親漸漸停止了呼吸。父親一息尚存之時，親口為自己下了三道醫囑，竟無一得以實施，父親只需要一針強心劑，病情就有可能緩解，然而沒有！造化弄人，這是怎樣的一種哀痛！

父親生於一九二二年，一九四一年畢業於四平省（今吉林省）東豐師道學校，後考入長春大學政法系，一九四八年畢業。時逢戰亂，從業艱難，經人介紹謀得瀋陽市新民縣司法科科長一職。到任後，分配給他審訊犯人的工作。父親性情溫良，自知不善此道，僅十八天後，自行告辭，之後開始自修醫學，立志從醫。新中國成立後，父親於一九五〇年初參與創建瀋陽市醫師進修學校，擔任技術股股長，指導技術學習與有關技術方面的籌備工作。三年後，榮獲「建校功

1 父親在師道學校就讀時的照片

臣」錦旗嘉獎。之後在瀋河區組建聯合診所，並任所長。

父親勤思善悟，加之素有過目不忘的天賦，很快在理論上、臨床上成為業內的佼佼者。各醫療單位爭相求教，邀請講課的聘書紛至沓來。一九五三年，父親作為瀋陽市醫務工作者的代表，到北京衛生部參加了全國醫療衛生工作會議。之後擔任瀋河區結核病防治所所長，月工資一百三十七元，是當時普通人月工資的三倍，那是父親一生中短暫卻最輝煌的時期。

一九七〇年初，父親被單位遣送到楓樹村。

山區歷來缺醫少藥，農民生病得不到治療，長年累月形成頑疾，痛苦不堪，聽說來了城裡的大夫，紛紛上門求醫問藥。父親似乎又有了被人需要的價值。父親虔誠地施醫捨藥，視病人如親如故，立竿見影地解決了多例痼疾，患者及家屬稱謝不已，口口相傳，方圓百里盡人皆知，問病者絡繹不絕。然而，大隊幹部卻勒令父親「不許給人看病，老老實實去生產隊勞動」！父親識相，馬上到隊裡幹活兒去了。但是，村民們不幹了，要求父親看病的呼聲日益高漲。領導無奈，做出了令人啼笑皆非的決定：凡找張玉林看病者，本村人由大隊書記批條，外村人由公社書記批條。可是，鄉村裡家家都套得上親戚，書記不批給誰都是「得罪」，於是條子越批越多，拿著批條找父親看病的人已經不止於本大隊、本公社，連鄰縣、鄰省的患者也都趕著大車，開著拖拉機慕名而來。父親平均每天要看六七十個患者，內、外、婦、兒各科無所不及。日出到日落，片刻不得閒，夜裡也很少能睡上安穩覺。無論什麼季節、任何時辰，有人敲窗就得背起藥箱出診。

父親的善良、醫者仁心，溫暖了許多人的心。村中一位孤寡聾啞老人病危，父親搶救成功，老人醒來後望著父親流淚，病癒了，他沒事兒就去診所的窗外，隔窗看著父親工作。中午吃飯時，父親常常把自己帶的飯分給老人一部分。父親入殮那天，老人蹲在父親的棺木前不斷抹眼淚，久久不肯離去。

父親有一段時間身體非常虛弱，為了給他增加一點兒營養，我騎車往返七十多公里到西豐縣城買了兩瓶煉乳。他捨不得喝，精心地收著。村裡王家妻子犯老胃病，疼得連日不能吃飯，父親出診回來，沖一杯煉乳揣在懷裡返身送上門去。

父親救死扶傷贏得了人心，贏得了尊重。村民們的信任與愛護給了父親莫大的安慰，他與那裡的鄉親們結下了深情厚誼，至誠至真。

我深深地知道，楓樹村的村民對父親不僅尊重，還有愛戴。有人會在夜色裡把鴨蛋或蘑菇等山貨送到家裡，還有人放在窗下，打聲招呼就走。父親去世幾年後，村裡的中學生以「我最尊敬的人」為題寫作文的時候，多人寫到父親。十幾年、二十幾年，甚至三十幾年後，除夕夜裡、正月十五夜裡，還有老一代村民給父親的墳上送燈！村民們對父親產生了某種精神依賴，有父親在，他們生病不愁治療，有安全感，無須四處奔波。那些年，父親的醫療拯救大大降低了當地人

2 （上）圖中父親給醫務人員講課

3 （下）圖為獎勵為建校做出貢獻的人頒獎儀式。右起第一人為父親。

口的非自然死亡率。然而，過度的勞累也徹底摧垮了父親的身體，肺結核發展成肺源性心臟病。從一九七五年冬季開始，父親臉部、腿腳多處水腫持續不消，他十分清楚自己的病情，默默地吃藥緩解，但肺心病是不可逆的，至今尚無有效治癒方法，只能緩解症狀。母親擔憂父親的身體，屢屢勸他：「別幹了，保命要緊。」父親總是說：「過一段時間，我就不幹了。」其實，他是幹不動了。

時間延續到了一九七六年七月七日。那天傍晚，他離開診所時，前所未有地在診所門上貼了一張紙條：「因故診所明日休息一天。」沒有人知道，上天在冥冥之中給了他怎樣的預感。

七月八日早晨醒來，他坐在炕上對我說：「身上這件背心髒了，也破了，還有一件新的，你幫我找出來吧。」我找出了那件新的白色圓領衫，看著他換上。早飯後，我離開家去公社。那一天，他想過什麼、說過什麼、怎樣度過的、為什麼要停診一天，我們無從查考，已成永久之謎。夜幕降臨，父親的人生戛然而止。

父親的喪事是村民們自發操辦的。村裡三位高齡老人主動擔綱，勘測地形，察看風水，要為父親尋找一處吉利的安身之地。其中趙姓老人說：「他活著的時候挺憋屈，沒得多少好，給他找個敞亮、不憋屈的地場吧。」父親的墓地的確敞亮，依山傍水，與松柏相倚，可高瞻遠矚。

父親沒有棺木，也來不及現做，老黨員王貞把自己提前備下的棺木借給了父親。而這借來的棺木，卻是兩年前我哥哥回生產隊當木匠時親手打造的！父親入殮，村民們把棺木圍得裡外三層，想看他最後一眼。村裡的壯勞力自發組成十六人的抬棺隊伍，六十幾歲的老黨員張殿友默默加入其中。

父親上路了，人們揮淚再送一程，靈柩途經河套，按當地風俗，女兒不能隨靈柩過河，我沒能看到父親下葬。

父親走了，整整九十天後，乾坤正轉。他沒能熬出黎明前的黑暗。時也，運也，命也。

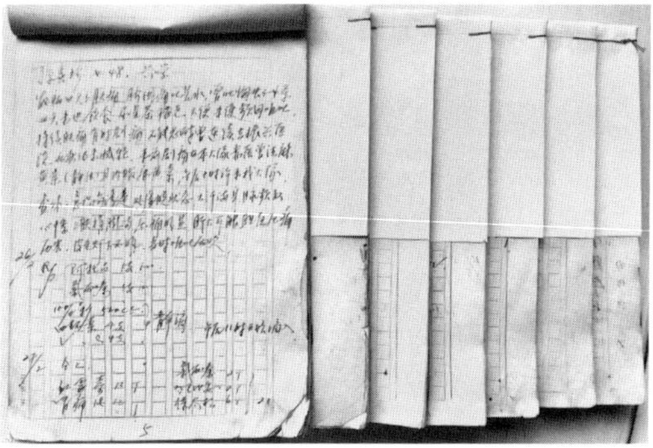

4 圖為1970年到1976年，父親在西豐縣楓樹村給村民看病的部分病歷。

父親胡萍為毛澤東駕駛專機

胡耀萍

我的父親胡萍，原名孫傳祉，一九二三年出生在山東省乳山縣。受家庭的影響，父親很早就參加了革命工作，十四歲騎著自行車到處送情報，十六歲加入中國共產黨。

中華人民共和國成立後，需要組建自己的空軍，十分缺乏優秀的幹部和指揮員，軍委決定從陸軍抽調一批優秀的營、團職幹部到空軍航校學習飛行，以擔任空軍的飛行領導幹部。父親是高小畢業，在當時就算知識分子了，經審查各方面都合格，於一九五〇年進入哈爾濱空軍一航校幹部班學習飛行。父親從航校畢業後，一九五二年五月任剛成立的空軍獨立第三團團長，後任空軍航空兵三十四師師長、空軍副參謀長，一直負責中央及國家領導人的專機任務，可以說是中國空軍專機事業的開創者。父親是毛澤東首次乘坐由中國人駕駛的飛機的駕駛員、機長。

一九五六年四月下旬的一天，空軍司令員劉亞樓突然把父親叫到他的辦公室，十分鄭重地對父親交代：「現在有個重要的任務，毛主席要坐咱們空軍的飛機，你看有把握嗎？」問題來得太突然，父親反覆思考，還是先問了一句：「坐火車不是更安全些嗎？」劉亞樓說：「原來中央考慮讓毛主席坐蘇聯的飛機，請蘇聯駕駛員駕駛，可主席不同意。主席說，我們已經有了人民空軍，

1 （左上）1949 年，胡萍在青島獨照。

2 （右上）圖為 1956 年，胡萍在駕駛飛機。

3 （下）1955 年攝於印尼雅加達機場。左三為胡萍。

有自己的飛行員，為什麼要外國人駕駛？外國人駕駛的飛機我不坐，我要坐中國人駕駛的！這任務就只好由你們來擔負了。既然毛主席這麼相信我們，我們就應該有中國人的志氣。」父親回答：「保證完成任務，但這次任務非同一般，在安全上總會有風險的。沒有別的，我們一定精心細緻地準備，做到萬無一失！」

新中國建立初期，條件艱難，要建設好第一支專機隊伍，沒有任何先例可以借鑒，只有在工作中用心摸索，認真總結經驗，指導思想就是要絕對保證安全。要求技術過硬，萬無一失，全面保障。無論是自己駕駛，還是指揮專機，父親對飛行人員的思想、技術、組織及地面保障，都做到了安全第一，萬無一失。因此，解放後毛澤東第一次乘專機外出，駕駛員非父親莫屬。

經過反覆研究，空軍黨委決定，執行這次主席專機任務的是：機長胡萍、飛行員陳錦忠、領航員張振民、通訊員柳昆尚、機械師舒執章、機械員杜占林。專機為蘇製里2型8205號。同時還安排一架里2作為備用機。

一九五六年五月三日清晨，機械師一早就對飛機進行了試車，待空軍副參謀長何廷一到後，又進行了試飛，檢查了機上各種設備的運轉情況，在確認狀態良好後，飛機著陸停在滑行道口。一會兒，劉亞樓司令員給機組正式下達任務：「今天是毛主席坐飛機，這次任務的意義十分重大，這是我們空軍的光榮，也是你們的光榮。這是毛主席第一次坐我們空軍的飛機，是對我們空軍的信任，你們要拿出全部的本事來，保證這次任務的完成。現在飛機經過檢查試飛都很好，航線天氣也好，唯一擔心的就是你們精神太緊張，心情太激動。就像我平時坐你們的飛機那樣，不要緊張，我相信你們一定能做到這點。」隨後，劉司令員進入機艙，當他看到桌子抽屜內有撲克、象棋時，說：主席不喜歡這些東西，把它們收起來。隨後，他又察看了其他設備的情況，表示滿意。

七時三十分，一輛黑色轎車緩緩地開到飛機跟前，車門打開，毛澤東身穿一套灰色中山裝，步履輕快地下了車。父親立正敬禮：「飛機已準備好，請主席上飛機。」毛澤東與機組人員握手，並詢問每個人的姓名、年齡，說：「你們都很年輕啊！」劉亞樓報告了飛行準備及天氣情況後，請毛澤東登機。陪同登機的還有羅瑞卿、劉亞樓及主席身邊的工作人員。

接到起飛命令後，飛機在轟鳴聲中緩緩地離開了地面。父親謹慎、專注地駕駛著飛機，使其平穩舒適地上升到兩千多米的規定高度後，改為平飛。劉亞樓來到駕駛艙，詢問飛機情況，父親告訴他一切良好。經過四小時三十分的飛行，專機於當日中午十二時三十分，降落在武漢南湖機場。經過短暫的休息加油後，專機於下午二時起飛前往廣州。

那時的毛澤東已六十多歲，但坐飛機時，他並沒有不適的感覺，也從不睡覺或臥床休息。有時，他會通過機窗一覽機外的風光，或是凝神思索著什麼。更多的時間，是伏案閱讀線裝本的《資治通鑒》。有時，他也與同機的同志談工作。毛澤東吸煙，喝龍井茶，但很少吃糖果一類的東西，從不在機上吃飯。

專機到達廣州白雲機場上空時，雲層較厚，看不到地面，需要利用地面導航設備進行穿雲下降。白雲機場的側方有山，離機場又近，威脅著飛行安全。雖然在飛行前已有準備，但在穿雲實施前，機組成員又互相提醒：不要緊張，按分工精密計算，準確操縱，協同好動作。飛機下降到百餘米高度時穿出雲層，看到跑道，下午六時，專機安全降落。

毛澤東說：「還是坐飛機快，當天就到了廣州。」接著，他和機組成員一起在飛機前拍照留念，與每個人握手告別，說：「謝謝你們。」此刻，機組成員們緊繃著的神經終於鬆弛了下來。

五月三十日，毛澤東又乘飛機從廣州到長沙，飛行時間兩小時十五分。在長沙停留一天後，專機又於五月三十一日飛往武漢，在王家墩機場著陸，歷時一小時十五分。

飛機到達武漢上空，開始下降時，毛澤東興致勃勃地來到駕駛艙。父親向毛澤東欠了欠身，告訴他下面就是正在施工中的武漢長江大橋。大橋的橋墩聳立在江面上，在橋上施工的工人和車輛設備都很清晰，場面十分壯觀。毛澤東喜悅地說：「啊！好看，好看！」領航員張振民為讓毛澤東看得更清楚，請他坐在領航員的座位上，為他指出武漢的一些重要目標。一會兒，毛澤東又把視線轉回駕駛艙內，詢問一些飛機設置的用途，父親一一作了回答。飛機即將著陸，見機組人員都在集中精力操縱飛機，毛澤東便起身離開了駕駛艙。

毛澤東在武漢期間，首次暢遊了長江，寫下了著名詩篇《水調歌頭．游泳》。六月四日上午，毛澤東又第三次暢遊了長江。下午乘飛機飛回北京。雖然上午剛游完泳，但毛澤東來到王家墩機場時，仍是精神煥發，毫無倦色。

專機起飛後，毛澤東又開始讀書、看文件。三個小時後，機組發現正前方有雷雨雲出現，雲層自下而上，連成一片，時有閃電出現，過河北衡水後，距雷雨區更近了，飛機開始顛簸。烏雲

4 （上）1960 年 3 月 17 日，送周恩來總理首次乘伊爾 18 型 1701 號專機去杭州。圖為機組人員合影。左三為胡萍，左二為時念堂。

5 （下）1964 年的全家福。左起：胡耀萍、劉繼馨、孫楓倩、胡萍、胡幼萍。

升騰，伴隨著閃電，這種雷雨雲對飛行安全威脅很大，機組當時雖有些緊張，但經過仔細觀察後，根據飛行前看到的天氣圖，認為沒有系統的天氣變化，現在出現的雷雨雲是地區性的，雖然面積大，但屬於局部孤立的積雨雲，是可以繞過去的。於是，領航員計算出繞飛的距離、時間、航向，掌握好飛機的位置。駕駛員努力保持飛機的穩定，機械師密切注意發動機的工作情況和溫度變化，通訊員在無線電波受到強烈干擾的情況下，細心地尋找信號，以保持與地面的聯絡。飛機在向航線右側平原地帶繞飛三四十公里後，避開了雷雨雲，改回原航線。

里2飛機的通訊設備比較落後，短波通訊受干擾很大，前後有二十多分鐘與地面失去聯繫，在北京西郊機場等候毛澤東的劉亞樓十分緊張，多次責令塔台指揮員蔡演威不停地向飛機呼叫，搞清飛機的位置和狀況。現場氣氛非常緊張。

飛機終於安全地降落在北京西郊機場，滑行到候機室前，毛澤東來到駕駛艙，高興地對機組人員說：「同志們辛苦了！你們是騰雲駕霧，暴風雲中見成長！」接著與每個人一一握手告別。

劉司令員對父親說：「這次任務完成得很好，剛才我真擔心啊！」父親說：「開始我們也有點緊張，後來細心地觀察了天氣現象，認為是局部的，可以繞過去，這樣心裡就有數了。」劉司令員說：「好好總結經驗，以後主席還要坐飛機。」

毛澤東在第一次乘坐空軍飛機以後，又多次乘坐空軍專機。父親為毛澤東駕駛專機四十餘架次，飛往全國各地。據統計，毛澤東在一九五六年乘坐專機六架次，一九五七年二十六架次，一九五八年三十二架次。三年總計六十四架次，飛行約一百五十餘小時，航程四萬餘公里。所到之處有：廣州、長沙、武漢、鄭州、上海、南京、杭州、南昌、徐州、濟南、青島、西安、成都、昆明、瀋陽、長春、南寧、合肥、山海關等地。

6　1958 年，胡萍在莫斯科留影。

父親曾是外交官

呂蘇蘭

父親一生都懷有一顆活潑純粹的童心。他愛活動，且不說每天出外購買食用物品，單就上午、午後和晚飯後往返六趟、上下七層樓散步，對於一個年近耄耋的老人來說就不是件容易事。在病魔將他襲倒的一個多星期前，他還像以前一樣，不顧家人勸說，獨自一人乘坐公共汽車到海邊游泳；他愛逛商店，始終保持著當外交信使養成的講究儀表的習慣，遇見價錢適當、式樣得體的服裝鞋帽就買回來；逢到家裡人流露出想買什麼東西的意思，立即自告奮勇前去幫助看價錢、選樣子，買回來如果不滿意馬上拿回去換而不厭其煩。他愛玩，按說因為職業的原因，他去過國內外許多地方，見多識廣，來大連居住都三十年了，什麼地方沒看夠啊，可只要對他說，爸，想不想出去玩？只要時間允許，他眼睛裡就會泛出孩童般的興奮，響亮地說：去！他走路從來都是腳步匆匆，像個壯小伙兒，對參加任何活動都是興致勃勃，不知疲倦，鄰居同事羡慕地說：老呂能活一百歲。他最大的願望是能夠親眼觀看二〇〇八年在北京召開的奧運會。

二〇〇三年九月十一日是中秋節，報紙和廣播裡說，那天是三百年才逢一次的月圓日。按照民間的傳統說法，十五的月亮十六圓。那天是星期四，晚飯後我打電話問父親想不想到海邊賞月，跟我想像的一樣，他非常高興。幾個月前他莫名其妙地病了一場，身體剛剛恢復。我們的車沿著濱海路走走停停，那夜的月亮出奇得大而圓，在薄紗般霧氣的掩映下呈現出淡淡的橘紅色，月光籠罩的海面波瀾微動、漁火點點。父親興致很高，他照舊做了精心準備，用小缽端著洗乾淨的龍眼、葡萄和月餅給我們，他笑瞇瞇地看著，自己卻不吃。那天母親還在草叢裡發現一隻多年見不到的螢火蟲，高興得直叫。在這美妙的中秋月夜，我們萬未想到，病魔正向父親撲來！

九月十二日，父親發起高燒，服藥退下；九月十三日，高燒再起，到醫院檢查，血小板，紅、白血球三低，醫生要求立即住院。九月十五日，化驗結果出來證實父親患了急性粒細胞白血病。這個消息無異於晴天霹靂！一向生氣勃勃、精神矍鑠的父親怎麼會得這種病？國慶節出院休息之後，父親又轉院到一家解放軍醫院治療。二〇〇三年十月二十五日，父親在無菌室裡度過他七十九週歲生日，六天以後的十月三十一日二十二時三十六分，因為心肺大面積病毒感染及腦出血，他安詳地永遠睡去了，從發病到仙逝僅僅五十天時間！

父親走後，很長時間我都無法接受這個事實，不相信一個如此熱愛生活、有著蓬勃生命力的人會這麼快地離去！雖然我和弟弟都已經長大成人，但在日常生活裡常常還是他在為我們幫這幫那，我們很少為他做什麼，在我的下意識裡，似乎父親永遠是照顧我們的長者，永遠不會老去！現在他已經永遠地走了，我還能為他做什麼呢？記得他曾多次說過，想寫寫在外交部工作二十三年中的經歷和見聞，但他終究沒有完筆。

父親呂志青一九二四年出生於湖北省隨縣縣城（今隨州市）。一九四六年夏季考入國立湖

1 （上）1953 年，父親在朝鮮開城留影。

2 （下）1955 年，美澳司全體人員合影。二排左一為父親。

北師範學院英語系。在大學學習期間接近並參加了中國共產黨武漢地下黨領導的青聯組織，一九四九年三月加入中國共產黨。六月，武漢解放，父親被送往中共武漢市委黨訓班學習。八月學習結束被分配到中南局武漢外事處工作。一九五〇年八月，被調往剛成立不久的中華人民共和國外交部，最初被分配到美澳司美國科工作。一九五〇年十月中國人民志願軍赴朝作戰，一九五一年七月，停戰談判在朝鮮開城開始，一九五二年四月，父親被派往談判代表團新聞處工作。一九五三年四月到一九五四年三月，父親第二次被派入朝參加談判代表團工作。圖1是父親一九五三年在開城的留影。小時候聽父親說過，他們第一次赴朝情境很危險，乘車連夜開過鴨綠江，敵機在天上掃射，子彈就在身邊「嗖嗖」掠過。關於兩次入朝參加談判工作，父親在他的「往事回憶大綱」裡簡單記道：「抗美援朝，派往開城。渡江入朝，夜宿平壤。乘車途中，敵機搗亂。敵無誠意，中斷談判。二次入朝，交換戰俘。幾經較量，敵人服輸。停戰協定，終於實現。祖國慰問，暖人心田。朝方授勳，立功受獎。開城生活，永久留念。春風大地，分批凱旋。」

一九五五年四月，父親從美澳司美國科調到外交部辦公廳信使隊工作。圖2是當時美澳司全體人員合影。照片的背後寫有「美澳司全體同志敬贈　一九五五年四月卅日」，不知是否是送別的留影。二排左一是父親。一排右六是美澳司第一任司長柯柏年先生，他是一九二四年加入中國共產黨的知識分子革命家，延安時期曾任中共中央馬列學院教員、中央軍委外事組高級聯絡官，曾參與和主持了馬列文獻的編譯和《毛澤東選集》的英文翻譯工作。右四是曾任美國科科長的凌青先生，他是民族英雄林則徐的五世嫡孫，也是著名的外交家，一九八〇至一九八五年擔任我國

3 1959年，父親攝於莫斯科紅場。

4 （上）1960年11月，父親（左二）在伊拉克首都巴格達與花圃園丁合影。

5 （下）1960年冬，信使隊部分人員合影。二排左四為父親。

常駐聯合國代表。從調入信使隊，到一九六八年最後一次出差歐非四國，父親為國家送達外交機密文件十三年，圖3為一九六〇年冬信使隊部分同志的合影。圖中一排右四是後來任外交部副部長、中國駐美國大使的朱啟禎先生，右五是時任信使隊隊長的肖青先生，二排左四是父親。圖4是一九五九年父親攝於莫斯科紅場。圖5為一九六〇年十一月父親（左二）在伊拉克首都巴格達與花圃園丁的合影。打我記事起，和父母在一起的時候就不多，因為我從兩歲就上了外交部幼兒園（長托），七歲進入北京市崇文小學，寄宿制，每個週末回一次家。與父親更是聚少離多。兒時，有過多次清晨被樓下的小汽車鳴笛聲叫醒的記憶：睡眼朦朧中，看見父親西裝革履穿戴整齊，拎著皮箱在黎明前的夜色中走出家門。父親的足跡遍及當時與中國建交的所有國家和地區，用母親的話說，你爸爸那些年在天上的時間比在家裡的時間要長。每次父親出差回來我都很興奮，母親常常把打電話詢問飛機抵達時間的任務交給我。然而，由於經常的分離，加上我性格靦腆，真見到父親後我又緊張、拘謹。一個週末，我在豫王墳外交部宿舍十號樓院裡正和小朋友玩，看見戴著禮帽、身穿西服大衣的父親走出小汽車，滿面笑容地向我走過來，我一下子站在那兒不知如何是好。回到家裡，父親發了脾氣，批評我沒有禮貌。圖6為一九六一年四月，父親（後左三）及同事在莫斯科中國新使館旁與蘇聯托兒所兒童合影。

外交信使的工作性質要求他們必須經常乘機跨國遠行，生活規律被打亂，五六十年代各方面的條件遠不如現在，工作很辛苦。特別是天氣變化、飛機故障以及難以預測的突發情況，都會造成空難，因此家屬最擔心的是親人遠行之後能否安全歸來。那時的我雖還是個孩子，這種心理仍

6 （上）1961年4月，父親（後左三）及同事在莫斯科的中國新使館旁與蘇聯托兒所兒童合影。

7 （下）1968年父親在羅馬留影

非常深刻。一九五八年十月十七日，當時的信使隊隊長肖武和信使寧開逸去蘇聯出差送文件，在西伯利亞奧姆斯克上空因突遇龍捲風遇難身亡。一九五九年十二月十三日，信使何平、張慕先從阿富汗喀布爾去蘇聯塔什干途中，飛機與地面導航失去聯絡，撞山失事，全隊為之哀痛。一九六三年七月十三日，信使周敬寸、隋玉珊加班送文件，途中飛機在伊爾庫次克失事。母親回憶說：「那天早晨上班時我在車站還看見他倆，中午就傳來飛機失事的消息，咳，多快呀。」為什麼幾次空難都和蘇聯有關呢？父親跟母親說過，當時與中國建交的國家少，航線也少，一般是先乘蘇聯飛機到莫斯科，再轉機飛其他國家。尤其在六十年代，國際上反華排華浪潮相當猖獗，影響到外交人員的人身安全。五十年代末，父親和另一位同志出差，中途飛機出現故障緊急迫降在沙特阿拉伯的美軍基地。當時沙特與中國沒有建立外交關係，而美國又敵視我國，父親他們非常擔心外交文件的安全，為了保護文件一夜未眠，為防萬一，最後還是對文件進行了處理。這件事父親終生難忘。

一九六八年，父親最後一次出差，圖7是父親在羅馬的留影，父親的儀表有了明顯改變，中山裝，平頭，胸前佩戴著毛澤東像章。

（謹向為本文寫作提供幫助的肖青伯伯、黃桂英阿姨、張景真阿姨、單達圻叔叔致以誠摯的謝意——作者）。

父親走過八十年

徐　明

父親老了，這突出地表現在他的記憶力變壞這方面。一九九六年初我母親病逝，給父親精神上帶來的打擊是顯而易見的。大約從一九九九年開始，父親出現了記憶衰退的現象，而且愈發嚴重。早年的事他都記得清楚，與人交流也正常，就是記不住眼前的事。前幾年我叔叔從貴陽回徐州探親，父親要包餃子招待他，去菜市場買肉餡，買了又買，一連買了四次。起初我叔叔還納悶，心想都是肉餡，怎麼還分批去買？等發現情形不對，趕緊關門把父親堵在家裡，這才沒把人家的肉餡買光。我嫂子回家，氣得要去「表揚」那個賣肉餡的：也不問一下老人買那麼多次幹什麼，給你錢就賣，服務還挺到位哪！

一九二六年的除夕那天，父親出生在徐州的一個教師家庭，所以他的原名中有一個「年」字。至少從他的曾祖父起，我們家幾輩子都是教書的，可父親自小就對戲劇表演有著濃厚的興趣。中學畢業後，父親去上海看望正在復旦大學讀書的我大姑，順便到上海市立實驗戲劇學校報了名，還就考上了。我爺爺聽說後大不以為然，對書香門第裡將要出個戲子老大不樂意。後來還是我大姑做他的工作，和我父親一起陪他親自去上海實地考察，爺爺這才同意了父親的選擇。

父親在那個解放後成為上海戲劇學院的學校學習了三年多時間，先學表演，後學導演。他的老師熊佛西、田漢、洪深、曹禺、李健吾等人，解放後都成了中國最著名的戲劇家和戲劇教育家。父親對他老師的點滴回憶極為精彩：熊佛西校長在一次開學典禮上勉勵新生，說：「我已是快五十歲的人了，從不敢虛度光陰，你們要向我學習。我每天早上都要抓緊做三件事：做早操，吃早飯，拉屎。」

父親記得，當年曹禺給他們上課，眼睛看著講義，嘴上不停在說。下課時學生們上講台一看，曹先生的講義全是英文的。

父親在班裡應該是個不錯的學生，他說洪深先生就特別喜歡他，田漢先生對他也很好。以前，父親的書桌上一直放著個小相框，裡面是洪深先生的半身畫像。我小時候無法無天，有一次把相框打開，用筆在洪先生的畫像上添了兩條胳膊兩條腿，父親看後只差沒把相框拍到我頭上，對我的懲戒是用木拖鞋打了兩下手心。

一九四九年五月，上海在隆隆炮聲中迎來了解放大軍。幾天後，上海各界召開慶祝大會。聽說陳毅將軍也要親臨會場，父親和不少同學都趕去參加。對那天陳毅的印象，父親留在記憶中幾十年。他說，主席台上的陳毅上身著一件白大褂，下身穿軍褲打綁腿，左手端一盞小茶壺，右手持一把大蒲扇。一陣撲嗒撲嗒之後，陳毅的四川話響起來了：「我們打下上海後，正朝浙江方向前進，很快就要拿下蔣委員長的老家奉化了。可是現在這個仗不好打呦，為啥子嘛？」會場裡的人包括我父親都不明白，仗怎麼不好打呢？陳毅接著說：「龜兒子國民黨兵跑得太快，硬是追都

1 （左上）1952 年父母入朝前合影

2 （右下）1957 年，奶奶到煙台看望作者一家時的合影。

3 （上）1959年，作者和父親、哥哥合影。

4 （下）1963年，父親在部隊時的家中留影。

追不上。」一說完仰天大笑，極是豪邁瀟灑。

陳毅的那種共產黨的領袖風采，解放軍新型軍隊的形象，對父親這樣二十多歲的年輕人的感召力是巨大的。這使他下決心放棄他學了三年多的專業，帶著他的女友、後來我的母親，走出校門投筆從戎。在他十五年的軍旅生涯中，父親先是隨二野進軍大西南，而後入朝參戰，回國後駐軍膠東半島，直到一九六四年底轉業回到家鄉徐州。

我不知道父親如果一直按照當初的戲劇之路走下去，能走多遠，但我知道他心裡總是唸唸於此。在山東的部隊時，他就曾利用業餘時間寫過一個話劇《大年三十》，發表在當時國家級的《劇本》雜誌上。

轉業到徐州後，他被分配到市文化局的劇目工作室，隨即參與了現代京劇《十人橋》的劇本創作並任導演。一九六五年，《十人橋》到江南各城市巡演，反響熱烈。父親隨團去各地聽取意見，回來後再行修改，投入了相當大的熱情。

父親一向做事認真，兢兢業業。當初安排他去博物館和圖書館，雖然非其所長，他仍以極大的熱情去努力掌握相關的專業知識。到第二次回圖書館工作後，差不多算是半個內行了。儘管如此，我還是為他生出一絲惆悵，父親本來是可以在戲劇方面多一些成就的。

父親就要滿八十歲了（本文發表於二〇〇五年），雖然已不能再寫東西，但還能看看書，讀讀報，身體也還硬朗。不過他的話語明顯少了，默然靜坐之時，不知父親是否在回想他雖非轟轟烈烈，卻也閱歷頗多的一生。

父親留下的照片

張丹非

父親是一個平凡的人，他不是英雄，不是政要，不是大亨，平凡得令我都曾埋怨過他。父親原名張宗澤，當兵後政委給他取名張志英，意思是立志爭當英雄，但他終沒能成為一般意義上所說的英雄。

父親一九三一年出生在山東省齊河縣孫耿鄉張舉人莊。村名雖稱舉人莊，可據說我祖輩世代務農。父親十三歲那年由於日寇入侵我的家鄉，便走上了抗日救國之路。先是兒童團員，後又當過聯防兒童團長，再後來參軍，當過通訊員、幹事、秘書、文政員、助理員、書記等。一九五八年轉業時為陸軍步兵指揮軍官副連級中尉。參加過濟南戰役、膠濟戰役、淮海戰役、房莊保衛戰等戰役，一九五六年獲中華人民共和國金質解放獎章一枚（號碼為一六〇一六）。曾榮獲四等功一次、三等功二次及其他獎勵等榮譽。

父親手很巧，小時候媽媽常因病臥床不起，他不僅自學了很多醫術，還能給媽媽扎針，我們姐弟的四季衣服和鞋也都是他親手縫製。他還會烹製各種菜餚，從我記事起家裡的飯菜都是他做，直到去世。小時候家裡經濟困難，買不起玩具，他就給我們做。什麼扎風箏、做風轉、糊

1 （上）1948 年 9 月與戰友合影。中間者為父親。

2 （下）父親於 1958 年轉業前留影

燈籠等等，無論做什麼都做得像模像樣，至今我還收藏著一枝五六歲時爸爸給我做的小木槍，簡直像極了，不知要比現在的塑料玩具好多少倍！他還經常哄我們玩，偶爾也會帶我們上街買好吃的。

父親喜歡京劇，有時會和幾個也喜歡京劇的朋友、鄰居聚在一起過把戲癮。他還會說山東快書，曾是他們單位的文藝骨幹，至今我藏有一副當年他用過的鴛鴦板和一張他們文藝隊演出後的合影。在父親諸多愛好中，我認為最專業的是書法，楷書、行書尤佳，至今令我這個中國書法家協會會員每每汗顏。但他從不炫耀，也不參加什麼展覽，僅自娛而已。雖然我從小喜歡書畫，但並不知道父親有此造詣。一九七六年他恢復了黨籍那年春節，他買來紅紙，找了枝毛筆書寫了副大紅對聯貼在門上，那是印象中我家第一次貼春聯，由此我才知道父親原來還會寫毛筆字。其實父親並沒有多高學歷，因為早早就參軍當兵了，只是後來上過華東軍政大學（山東分院）。但他從小就接受過傳統文化教育和薰陶，後又從時任他們軍區領導的舒同（中國書協[1]首任主席）學過書法，他的「舒體」字足可亂真。他還能畫畫和篆刻。每逢春節爸爸都從新華書店買回許多年畫，貼在用報紙新糊過的牆上，那幾年貼過的畫記得有李慕白、金梅生的擦筆年畫，庫爾貝、柯羅的油畫，更多的是金農、鄭燮等揚州八怪和齊白石、徐悲鴻以及盧坤峰、劉繼卣等人的國畫。這些畫對我不僅是美育啟蒙，更是我學畫的範本。

一九八一年，由於我文化課不好沒能考上高中，父親為了能讓我有個工作，沒到年齡就早早退休，讓我頂替他有了個當時令人羨慕的國營單位正式工作。因性格等原因，他離休時僅是個普

3 （右上）1964 年，父親和哥哥、姐姐攝於黑龍江饒河縣。

4 （左下）父親 1980 年攝於雙鴨山

通科員（工資級別十八級，享受副處級待遇）。

為了給我娶妻成家，那些年他和媽媽可謂節衣縮食，省吃儉用。那時他單位經濟情況不好，常拖欠工資，醫藥費更是難以報銷。而他和媽媽身體都不好，幾乎天天打針吃藥，所以想吃點水果都常常捨不得。記得有一次他生病僅買了四個降價蘋果，而把省下的錢操持著給我蓋了間新房。為了能省幾個錢，我結婚時新房廚房的瓷磚都是父親一個人親手貼的。

那些年我的工資也很少，又唸這學那的，工資幾乎都交了學費，沒能好好孝敬他。現在我已為人父，經濟條件也好了許多，可父親早於一九九六年春去世，已無法報答他的養育之恩，每每想來，愧疚不已！

隨著年齡的增長，我越來越能理解和體會他的那份如山父愛，也更增加了對他的思念。

註釋

❶「中國書協」，全稱中國書法家協會。

往事回眸

李立偉

我的父親一九三一年十二月出生在濟南近郊的長清縣靠近黃河的一個小村莊，因家境貧寒，父親從十四歲就離家去濟南一個雜貨舖當學徒，吃了不少苦。

一九四八年父親回家鄉務農，一九四九年春參加革命，同年九月加入中國共產黨，是村裡第一批被發展的黨員。入黨後，父親先後擔任過河工隊長、副鄉長、區公所公安員、武裝幹事，參加了土改。一九五〇年冬，抗美援朝在全國轟轟烈烈地開展，父親帶頭報名參軍，被編入志願軍第十九兵團第六十三軍，一九五一年二月赴朝參戰。當時我還不滿週歲，年輕的母親在送父親遠行的同時，承擔起照料祖父祖母的重任。家人們無時無刻不在牽掛著朝鮮戰場上的父親，盼望能早日得到親人的音訊，但由於戰事頻繁，直到一九五三年六月才接到父親從朝鮮寄回的第一封家信，這對祖父和祖母是莫大的寬慰。一九五三年七月朝鮮戰爭結束了，同年九月，父親所在部隊奉調回國，駐軍石家莊。這年冬天，母親帶著我去部隊，看望離別兩年多的父親，留下了父母和我的這張合影（圖1）。

第二年，也就是一九五四年，我多了一個小弟弟。年底，母親抱著弟弟領著我，再次去部隊探親，父親的兩位要好的戰友在訓練休息之餘，帶上我和弟弟去附近照相館照相（圖2）。弟弟被一位姓盧的叔叔抱著，我站在著便裝的王叔叔前面，胸前戴朵小紅花，樣子還挺神氣。後來父親隨十萬轉業官兵去了北大荒軍墾農場。照片上的兩位叔叔也先後轉業到地方工作。

一九七一年一月我也應徵入伍，成了一名解放軍戰士。一九七二年五月，從事公安工作的父親因公途經瀋陽，到部隊看望我，我們去太原街的新中國照相館留下了這張合影（圖3）。

如今，父親、母親和照片上的叔叔已先後離開人世。我這個當年的孩童也已內退在家。每當回眸往事、翻看影集中的舊照，都會引起我的思念之情。

1 作者與父母合影

2 （右上）作者與父親合影

3 （左下）父親的戰友與作者及弟弟合影

父親的風景照

邱三寶

父親是一個平凡而又普通的農民，他的一生就像家鄉的黃土地一樣樸實無華。

父親是個農民，卻不是一個地地道道的莊稼人，他一生走南闖北，為了生活四處奔波忙碌，十二歲時就開始在建築隊學手藝，吃了很多的苦。父親的一生基本上都是在外面度過的，一年四季很少回家。他一生都在做他的泥瓦匠手藝，直至年齡不允許他從事這種沉重的體力勞動為止。

父親的照片少得可憐，只有寥寥幾張，且多是他四五十歲時照的用於各種證件的半身照。這是我看到的他年輕時代唯一的一張風景照片。當我從一個很陳舊的抽屜夾層裡翻出這張照片的時候，我感到很驚訝，沒想到我身板佝僂、兩鬢斑白的父親竟也是如此年輕過，如此的英氣勃勃。

按時間推算，照片中的父親，應該是二十八歲，但看起來卻比實際年齡年輕，頂多二十出頭的樣子。

父親穿著白襯衫、藍褲子，腳上穿一雙皮涼鞋，襯衣下擺紮在褲子裡面，這也許是二十世紀六十年代城市青年的一種典型打扮吧。看上去父親身上的農民味極淡，或許是常年在外謀生的緣故，使他看起來已經很像一個城裡人了。

1　父親在武漢長江大橋前風景照

父親當年站在橋邊，眼睛憂鬱地望著遠方，也許是對這種飄無定所的日子感到厭倦，也許是生活的沉重壓得他喘不過氣來。照片的背景武漢長江大橋，一副空寥寂寞的樣子，車輛和行人都很少。

現在，當年輕的我站在車流如織的武漢長江大橋上時，再也找不回昔日的光景了。歷經了三十三年的歷史變遷，一切都有太多的改變，當年站在橋頭留影的這位英氣勃勃的年輕人也成了六旬老翁。

父親日漸蒼老了，他也許對過去的許多事情都已經忘記，包括他曾經拍下的這張照片。所以，我並沒有過多地追問這張照片的來由。父親永遠也不會再年輕，而我卻沿襲了父親年輕的生命。

每一個老人都曾經年輕過，每一個年輕人都將漸漸衰老，直到有一天從這個地球上消失。

父親「老豆」

李岩

我的父親李文祥已經去世二十五年了。他是外交官，三次前往中國駐南斯拉夫使館工作，前後達十五年，最終長眠在那裡。南斯拉夫位於南歐巴爾幹半島，父親在那裡工作時，由六個共和國組成，全稱南斯拉夫社會主義聯邦共和國。有人形容巴爾幹半島像個火藥桶，由鐵托元帥建立起來的「南斯拉夫聯邦」，如今早已分崩離析。

父親生於一九三四年。因為考上北京師範大學一附中，沒有隨家人去天津，自己留在北京上學。他努力學習，政治上也很上進，一九五二年加入了中國共產黨，成為學校黨支部唯一的學生委員，被學校保送去蘇聯留學。父親本希望學習冶金或者探礦專業，最終服從組織分配去了莫斯科國際關係學院，學習近七年。因為學的是塞爾維亞語，父親畢業後到外交部蘇歐司南斯拉夫組工作。

一切穩定下來，年紀已不小的父親開始忙著解決個人問題。父親回附中參加校慶時，留校的同學聽說他還沒對象，指著學校宣傳欄上的一張照片，問他成不成。他仔細看了看，說：「成！」於是兩人見了面。

母親在附中教語文，大概是想考考父親，和他聊了一下午俄羅斯文學。最終考試合格，雙方滿意。那天父親有點兒激動，走了老遠又跑回來。母親以為他忘了什麼東西，父親說：「忘了和你說再見！」

三個月後，他們結了婚，算閃婚吧。我問過母親，三個月你怎麼知道他可靠不可靠？母親說：「他連陌生人都幫，對我能差嗎？」其實母親也含糊過。結婚時父親請一起留學的同學吃飯，被灌醉了。母親把他拖回家時，嚇了一跳，以為嫁了個酒鬼。不過父親以後再沒喝多過。沒多久，父親自己出國工作了。

那個時代的外交官更像是高級「流放」，不可以帶配偶，兒女就更顧不上了。我最早知道的「外國」叫南斯拉夫，還不懂事的時候，就經常有人告訴我爸爸在南斯拉夫，常常被我說成「南拉斯夫」。那年我快三歲了，幼兒園還沒吃晚飯，有人自稱是我爸爸，要接我回家。回家當然好，我很高興跟他走。到家，媽沒在，我一下子毛了，大哭起來。等到媽回來，我才搞清楚是那個在「南拉斯夫」的爸爸回來了。

那段時間，父親一有機會就帶我出去，看電影、球賽、雜技，逛公園。可能他想以此彌補長久分離帶來的負疚感。當時我沒覺得有什麼特別，現在才感覺那段時光的寶貴。家裡有本《普希金詩選》，繁體字。我抱著書讀：「從前有個老豆頁和他的老太婆一起生活在大海邊……」媽媽很詫異，哪裡來的老豆頁？一看才知是「头（頭）」的繁體「頭」被我拆開唸了。媽媽笑著指著爸爸說：「這就是你的老豆！」沒幾年，老豆又獨自出國了。

1 （左上）年輕時的父親

2 （右上）年輕時的母親

3 （下）圖為父親留學期間，與友人下棋。

4 父親參與接待訪問中國的南斯拉夫經濟學家

5 （上）1974年，中國文物代表團赴南斯拉夫參展。父親在展會上協助講解。

6 （下）中國使館工作人員在作者父親的墓前致哀

二十世紀六十年代末期，中國和南斯拉夫兩國的關係開始走向正常化。隨著各類經貿文化往來逐漸頻繁，老豆的工作也日趨繁忙。一九七四年，中華人民共和國出土文物展覽赴南斯拉夫展出，父親協助展團介紹我國悠久的歷史和燦爛的文化，以及我國保護文物的政策。展覽受到高度讚許和廣泛好評，被稱為「文物外交」。一九七七年，鐵托訪華，兩國關係進入熱潮期。鐵托執政時期的南斯拉夫努力發展經濟，和同時期其他社會主義國家相比，南人民的生活水平高出不少。一九七八年前後，多個考察團陸續被派往南斯拉夫，全面了解這個國家的經濟體制。當時擔任中國社科院院長的胡喬木訪問南斯拉夫，總結說：「資本主義制度不是一切都壞，社會主義制度不是一切都好。南斯拉夫的方針是吸收資本主義制度的一些好東西，排除社會主義制度的一些壞東西。」此時老豆正在駐南使館工作，陪同胡喬木、胡繩、孫冶方等人在南考察，與南相關學者交流。

老豆第三次去使館工作時，母親才有機會與他同往，在南兼做教師。一九八六年母親代課合同期滿，無奈之下提前回國。父親時任政務參贊兼研究室主任，每天都要閱讀大量的報刊，摘記整理相關信息，出席外事活動。而此時他的身體已經出現了問題。他曾向同事們訴說感覺好累，好想回家，好想放下報紙、雜誌，甚至電視都不想看。他邊說邊歎了口氣，心好像已經到家了。使館的同志為他列了一個統計表，一九八七年三月到十一月，他外出看病三十二次。與此同時，他寫出各種調研報告三十份。

一九八七年十一月二十二日是個星期天，初冬的天氣陰雨綿綿。父親參加了使館組織的中共十三大報告學習，準備回住所。臨走前，他囑咐辦公室的同志下午陪臨時來使館工作的維修工人出去轉轉：「他們不懂語言，得多關照一下。」下午，父親獨自在家寫調研報告，題目是「巴爾幹外長會議和巴爾幹局勢」，五點左右，他忽然感覺氣喘得厲害，找藥，發現沒有了。他步行到附近的藥店，拿到藥坐在椅子上，自己對口噴了幾下，隨之閉上了眼睛……當救護車趕到時，父親已經去世了。

親愛的老豆，你知道嗎？我們從未忘記你，曾經只是不敢提起，因為心會痛，眼會濕。每天都有人離世，人們把自己不受折磨也不折磨別人的死亡當作幸福，當作圓滿。也許你是幸福的，但每每想到你在最後時刻，身邊沒有一個親人和朋友，想到你的孤單和無助，我的心就痛極了。

每年，使館的全體館員都會去墓前看你，你覺得孤單嗎？親愛的老豆，你知道嗎？媽媽說，雖然你們聚少離多，但她從不後悔嫁你，希望來世還要做你的妻子。

永失父愛

友誼

我的父親曾是一名軍人，一九七六年換防時有兩個去處，一是上海的空四軍，一是唐山的空六軍。當時考慮我已在天津參加工作，調往空六軍可以離我近一些。前往唐山途經天津時，父母探望了奶奶、姥姥。因正值暑假，決定讓媽媽和弟弟晚些赴唐。七月二十三日父親離津去空六軍報到。五天後的七月二十八日，發生了震驚中外的唐山大地震。我的心一下子提到了嗓子眼，馬上跑到郵局給父親打電話，可與唐山的一切聯絡都中斷了。

這時津地也不斷地發生著餘震，我坐在新開路的邊道上，數著過往的救災車輛。一輛開灤煤礦的車開到了膠管廠門口，來拉膠管排水。我想搭車去唐山，司機告訴我，與救災無關人員進不去唐山。到了第四天下午，一輛開灤煤礦的車又停在了膠管廠門口，離我們臨建棚很近。我給司機端水拿吃的，央求他把我帶到唐山。因為當時中斷了交通，只有搭車。司機讓我準備毛巾和酒精，因接近時要捂上口鼻。我跑回樓上取了東西回來後發現，開灤的車已無蹤影。定是司機看我心切不忍傷我，才支開我把車開走……

一個月後，確切的消息終於傳來，爸爸真的長眠在唐山了。當部隊的同志帶我們來到墓地

1 （左上）英武的父親

2 （右下）父母相擁著幼小的作者

時，多日的思念、惶恐，頃刻間化作撕心裂膽的悲傷，我撲倒在墓碑前……也不知過了多長時間，我發現自己躺在部隊的醫務室裡，親人們在旁邊圍著。部隊的領導讓我們挑些東西帶回去，因為我們整個家打郵件到唐山，還沒拆包就都砸在地下了。在破損的樓板下，我發現了那熟悉的草綠色的確良襯衣，這是爸爸穿了多年的衣服，上面沾滿了血跡。部隊的同志還遞給我一本被雨水浸泡變色的影集，爸爸那往日的音容笑貌映現在我的眼前。我把爸爸的襯衣緊緊地抱在懷裡，眼淚像斷了線的珠子一串串流下來。

地震後的第二年，父親的骨灰遷到了天津水上烈士陵園。每年的祭日和清明節，我都要到父親的骨灰前祭拜。每當我高興或痛苦時，第一個想到的仍是父親。此時此刻，我才深深體會到我永遠地失去了父愛！